D1871007

# LA CLÉ DES SYMBOLES

# LA CLÉ DES SYMBOLES

JACK TRESIDDER

ÉDITIONS VÉGA
19, rue Saint-Séverin
75005 PARIS

# Sommaire




*Symbols and their Meanings*
Jack Tresidder

publié pour la première fois en Angleterre par
Duncan Baird
Sixth Floor, Castle House
75–76 Wells Street
London W1P 3RE



Copyright © Duncan Baird Publishers 2000
Text copyright © Jack Tresidder 2000,
161–73 : copyright du text © David Fontana
1993
© Éditions Véga, 2006
pour la traduction en français



Traduction et adaptation
Dominique Lahaussois

ISBN : 2-85829-458-5

www.tredaniel-courrier.com
info@guytredaniel.fr

Imprimé en Thailande.

# *Avant-propos*

L'univers qui nous entoure renferme une multitude de signes sacrés dont nous ignorons le plus souvent la signification. Ce cercle où nous ne voyons qu'une figure géométrique est en fait l'image du principe divin, sans début ni fin, et qui se suffit à lui-même. Ce motif imprimé n'est pas un simple losange, mais le principal symbole de la féminité, la représentation stylisée de la vulve. Il figure aussi la déesse mexicaine des Eaux douces, Chalchiutlicue, principe de la vie. De même, ce papillon n'est pas seulement un coléoptère ; il incarne également l'âme immortelle d'un guerrier aztèque mort au combat.

Emblèmes guerriers, signes d'appartenance à une communauté culturelle, religieuse ou sociale, les symboles permettent de communiquer rapidement un concept important ; mais, à la difference des sténogrammes, ils s'adressent moins à notre intellect qu'à notre affectivité ou à notre inconscient.

Gravés ou peints sur la pierre, le bois ou les tissus, les symboles ont souvent servi d'amulettes ou de talismans destinés à conjurer le mauvais sort ou à se concilier les faveurs des dieux. De tout temps, rois et chefs en ont usé pour asseoir leur autorité, pour susciter la crainte ou le dévouement. Aujourd'hui encore, on se bat et on meurt pour des symboles.

Le caractère presque universel de certains symboles, que l'on retrouve dans des civilisations très différentes — depuis les cultures primitives jusqu'aux sociétés avancées de tous les continents —, a conduit le psychiatre suisse Carl Jung à affirmer que des signes primitifs, ou "archétypes", appartiennent à l'inconscient collectif. Ces symboles, qui peuvent prendre la forme d'éléments naturels (animaux, végétaux, pierres, planètes, eau, foudre...) ou bien d'abstraction (figure géométrique, nombres, rituels...), éveilleraient en nous des résonances profondes.

Même si les progrès scientifiques leur ont ôté une grande partie de leur mystère, les symboles n'ont rien perdu de leur pouvoir d'évocation. Avec le temps, certains d'entre eux, très anciens, ont changé de sens — ainsi le svastika, ou croix gammée, qui n'avait pas du tout, à l'origine, le caractère meurtrier que lui ont donné les nazis. D'autres, comme la colombe de la paix, ont gardé la même signification. Le langage symbolique, tout comme la peinture et la musique, permet de rendre compte de réalités affectives et religieuses que la raison ne pourra jamais exprimer complètement.

*La quête spirituelle et matérielle des alchimistes a engendré une symbolique particulière. Le roi et la reine de l'illustration ci-dessus symbolisent les principes masculin (solaire) et féminin (lunaire) dont naîtra la pierre philosophale.*

# *L'esprit et le corps*

La question des origines et de la nature humaine préoccupe l'humanité depuis des millénaires. Qu'est-ce que la vie ? Comment la définir ? Qu'y avait-il au commencement des temps ? Le néant, c'est-à-dire rien, ou le chaos, un magma de matière indifférenciée ? L'homme est-il le fruit du hasard, le produit d'une lente évolution ou bien la créature d'un dieu – ou de Dieu ? N'est-il qu'un composé de matière ou a-t-il une âme ? Que se passe-t-il après la mort ?

Les différentes cosmogonies du monde ont tenté de répondre à ces questions. La plupart présentent l'Être primordial comme un androgyne qui, en se scindant en principes masculin et féminin, aurait donné naissance aux dieux et aux déesses, puis au couple fondateur de l'humanité. La dualité serait ainsi au cœur de toute la Création, générant conflits ou progrès, haine ou amour, antagonisme ou complémentarité – la plénitude ne pouvant résulter que de la fusion des deux contraires. Ci-dessous, le symbole chinois du yin et du yang, expression de la dualité et de la complémentarité universelles.

*Shiva, divinité qui crée et détruit les mondes au fur et à mesure, est doté de nombreux bras qui symbolisent ses multiples pouvoirs. Il forme, avec Vishnou, principe conservateur qui donne à l'univers sa cohésion, et Brahma, l'embryon originel, la Trimurti hindoue.*

# *La Création*

*Ce dieu polynésien à tête d'oiseau tient dans sa main l'œuf cosmique (peinture rupestre, île de Pâques).*

A l'aube de ce troisième millénaire, tout porte à croire que notre univers, qui n'a pas toujours été là et qui n'est pas éternel, était au tout début de son histoire, il y a une quinzaine de milliards d'années, un magma de matière incandescente, informe et désorganisée. Ce chaos originel, quoique froid et sombre, se retrouve dans de nombreux mythes, où il est souvent représenté comme un œuf, **ŒUF DU MONDE** ou **ŒUF COSMIQUE**. L'œuf comporte en effet deux parties clairement distinctes, le blanc et le jaune, qui permettent d'exprimer à la perfection la dualité qui existe en toutes choses et de représenter, par exemple, les principes masculin et féminin qui vont former un être primordial (le Chinois Pan Gu), des jumeaux androgynes (Ogon et Nommo, au Mali), ou encore le Ciel et la Terre (Inde). La forme particulière de l'œuf inspire d'autres images : la coquille devient le firmament, le jaune la terre, le blanc l'océan (en Chine). L'œuf peut aussi évoquer une concentration de matière, comme dans ce mythe celte où c'est l'Œuf de la connaissance et de l'unité concentrée que le héros civilisateur dérobe dans l'Autre Monde.

Tout comme l'œuf, les **EAUX PRIMORDIALES** contiennent l'embryon du monde et la totalité des êtres à l'état virtuel. Matière indifférenciée, sans forme ni limite, l'eau semble aussi inépuisable que l'univers. Dans la cosmogonie babylonienne, cette masse donne naissance à deux éléments : l'eau douce, Apsou, et l'eau salée, Tiamat, qui, en s'unissant, engendrent les premiers dieux et déesses. Pour les Égyptiens également, l'océan (Noun) incarne la matière originelle qui contient en germe toute la Création, qu'il en émerge un démiurge (le dieu Atoum, à Héliopolis ; la déesse Neith, à Saïs) ou une petite butte de terre (Ptah, à Memphis) qui crée toutes les réalités en les nommant. On retrouve la même notion d'eaux primordiales dans la cosmogonie hindoue et dans bien d'autres récits des origines, y compris dans celui de la Genèse.

Le thème de la destruction comme première phase du processus de création ap-

*Les rites celtes au cours desquels on enflammait un mannequin d'osier rempli d'hommes reflètent peut-être une croyance, selon laquelle il fallait que les géants meurent pour que le monde soit.*

paraît dans les récits mettant en scène des **GÉANTS**. Ainsi, dans le mythe nordique, c'est un géant, Ymir, qui émerge des terres glacées et qui engendre d'autres géants. Comme dans le mythe grec, ces derniers entrent en guerre contre les dieux – combat souvent interprété comme une allégorie de la lutte héroïque menée par les hommes pour vaincre les forces brutales des éléments déchaînés ou la barbarie.

L'organisation de la matière indifférenciée des origines est un thème récurrent du processus de création dans la plupart des mythologies. Dans la tradition égyptienne, elle est symbolisée par quatre figures géométriques : la spirale (l'énergie divine), la spirale carrée (l'énergie à l'œuvre dans l'univers), une forme imprécise (la matière indifférenciée) et un simple carré (symbole du monde mis en ordre).

## L'ŒUF DES LÉGENDES ET TRADITIONS

Dans le monde entier, l'œuf est un symbole de prospérité, de chance ou de santé. Pour les Laotiens, rêver qu'une poule pond plusieurs œufs annonce une rentrée d'argent. Souvent dotés de pouvoirs magiques ou supposés contenir un objet de grande valeur, les œufs sont généralement protégés par des dragons féroces. Parfois, comme dans la mythologie grecque, ils donnent naissance à des divinités (les Dioscures).

*Motifs très répandus en Amérique du Nord et en Europe, les rennes et l'Arbre de vie, tout comme l'œuf, sont des symboles de résurrection. Ici, un œuf décoré ukrainien.*

Bien avant d'être associé à la résurrection du Christ, l'œuf fut un symbole de renouveau. En France, mais aussi dans bien d'autres pays, on jetait des œufs teints en rouge du haut d'une colline (rouge : couleur du sang et du sacrifice) pour célébrer le retour du soleil en mars (équinoxe de printemps). L'œuf pascal est d'ailleurs très souvent un œuf teint en rouge, à tel point qu'en Hongrie un même mot signifie « œuf de Pâques » et « œuf rouge ». L'œuf est également un symbole de vie, de résurrection ou d'immortalité, que l'on enterre ou que l'on dépose dans les tombes. Dans la tradition juive, il est le premier aliment que l'on ingère après un deuil, et la coutume chrétienne veut également que l'on en mange à la fin du carême. En revanche, les bouddhistes, qui souhaitent échapper au cycle des réincarnations, doivent éviter d'en consommer.

Une curieuse légende, selon laquelle les **ŒUFS D'AUTRUCHE** n'auraient pas besoin d'être couvés, serait à l'origine de l'analogie entre l'œuf et la conception sans relation sexuelle de la Vierge Marie, que l'on retrouve par exemple dans *La Madone à l'enfant* (vers 1450), de Piero Della Francesca. Cependant, les œufs d'autruche qui ornent certaines tombes coptes sont probablement des symboles de résurrection.

Dans la tradition alchimique, l'**ŒUF PHILOSOPHIQUE** correspond à la matière première enfermée dans un récipient (vase, alambic, cornue) et placée dans le four, l'athanor.

# *Le principe féminin*

Dans la plupart des cosmogonies, ce sont des entités masculines ou androgynes qui créent les autres êtres vivants, mais tous ces dieux sont généralement issus d'une Grande Déesse personnifiant la Nature ou la force créatrice elle-même. Les déesses-mères sont souvent présentées comme des déesses de la Fertilité, associées à la terre et/ou à la mer. Dans la mythologie grecque, cette Grande Déesse s'appelle Gê ou Gaia. Hésiode (vers 700 av. J.-C.) la place au tout début de sa *Théogonie* et la décrit comme la *Magna Mater*, la Mère des dieux. Dans le récit athénien, elle aurait enfanté le premier homme, Érichthonios. Déméter (la déesse de la Moisson), Rhéa (qui incarne la Terre), Héra (la déesse de la Maternité), Aphrodite (la Vénus noire) représentent les autres Grandes Déesses de la mythologie grecque. En Égypte, la déesse-mère s'appelle Isis, l'épouse d'Osiris, qui protège les morts et les ressuscite, tandis qu'en Assyrie et à Babylone on vénère Ishtar, que les Phéniciens nomment Astarté. Citons encore la Grande Déesse phrygienne Cybèle, que le christianisme aura du mal à supplanter, et, dans le panthéon celte, Brigitt, déesse irlandaise, et Belisama, déesse gauloise.

*La coiffure d'Isis, la Grande Déesse égyptienne, symbolise l'union des principes masculin (le disque solaire) et féminin (les cornes de vache évoquant à la fois la Lune et le lait).*

La déesse-mère de la mythologie indienne, Mahadevi, est représentée par différentes déesses, qui incarnent chacune une facette de sa personnalité. La plus connue d'entre elles est Kali, qui personnifie son aspect le plus redoutable. Souvent figurée langue pendante, l'air cruel, portant un collier de crânes en pendentif, elle symbolise l'esprit du Mal et la Mort. Autre déesse-mère à l'aspect effrayant, Hécate, originaire de Thrace, souvent représentée avec trois têtes – une de lion, une de chien et une de jument. Déesse lunaire réputée maléfique, elle est la magicienne ou la sorcière, qui se livre secrètement à son activité.

La Vierge Marie se différencie complètement de ces Grandes Déesses qui représentent essentiellement la nature et la terre nourricière. Cependant, elle aussi perd son enfant. Les dieux des différentes cosmogonies sont en effet très souvent assassinés, mis à mort, suppliciés dans ces mythes qui font de la mort une condition de renaissance ou de progrès.

La **FEMME** étant essentiellement perçue comme un réceptacle et un abri nourricier, son corps est figuré par des lacs, des océans, des rivières, des vases, des coupes ou toute autre chose évoquant une matrice.

Dans le domaine de l'art, le principe féminin est figuré par une **REINE** ou la Lune. Pour les alchimistes, la fusion du mercure (reine blanche) et du soufre (roi rouge) représente l'union des principes féminin et masculin qui va produire la pierre philosophale.

## LE SEXE FÉMININ DANS L'ART

Le sexe féminin est très souvent représenté par un **LOSANGE** (rhombe) dont la forme évoque la vulve. Un losange seul figure la fécondité. Associé à un serpent, symbole phallique, il prend un sens érotique. Image de la féminité, le losange constitue un motif décoratif très répandu en Amérique centrale. Au Mexique comme au Guatemala, les femmes en ornent leurs jupes, et les déesses portent fréquemment des robes à rhombes. Chez les Bambaras (Mali), un losange renfermant un point désigne une jeune fille.

La Vierge Marie étant de plus en plus souvent représentée dans une **MANDORLE** – sorte de médaillon ovale en forme d'amande évoquant le rayonnement –, le losange, qui jusqu'alors était associé à la fécondité, devient un symbole de virginité et de pureté.

En Inde, le sexe féminin ***(YONI)*** est parfois évoqué par un triangle figurant le pubis (pointe tournée vers le bas), mais il est beaucoup plus souvent représenté par un anneau entourant la base d'une colonne ou de tout autre symbole phallique *(lingam)*. L'association yoni-lingam incarne, dans l'art hindou, l'union du principe masculin et du principe féminin, de l'invisible et du visible, de l'absolu et du sensible, qui permet au principe causal de se manifester.

Évocation moins directe de la vulve, la **COQUILLE** est toutefois un symbole de l'organe sexuel féminin très répandu ; elle est associée, à travers l'eau qui constitue son habitat, à la fécondité et au plaisir sexuel. C'est, en outre, un signe de chance et de prospérité dans la tradition chinoise.

*Dans ce tableau de Botticelli,* La Naissance de Vénus, *la déesse de l'Amour, née de l'écume de la mer, dissimule son sexe ; celui-ci est toutefois évoqué par la coquille Saint-Jacques.*

# *Le principe masculin*

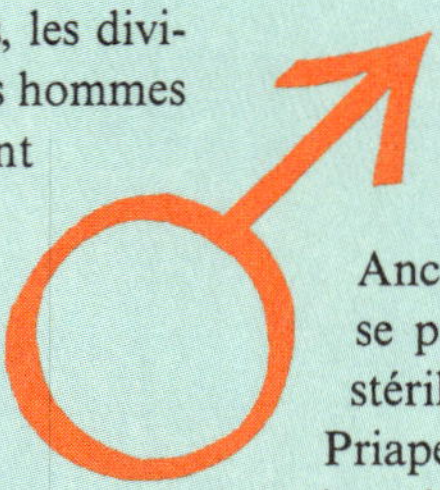

Dans la plupart des cosmogonies, les divinités les plus importantes sont des hommes – ce qui n'a rien d'étonnant, étant donné le caractère patriarcal de la plupart des sociétés archaïques. Reflet de cette domination, le **PÈRE**, que l'on peut identifier au Zeus du panthéon grec ou au Jupiter des Romains, est symboliquement associé au Soleil et au Ciel. Ses éléments sont l'Air et le Feu ; il est le maître du tonnerre. Détenteur de l'autorité spirituelle et morale, il est le protecteur et le gardien de la Cité. Il incarne la raison, la réflexion et le droit. Le Soleil, le feu et l'éclair sont ses attributs habituels, ainsi que toutes sortes d'objets pointus ou verticaux : flèche, cône, lance, lingam, colonne, pilier, bêche, soc, axe, pique, pointe, épée...

Le **PHALLUS** lui-même est un symbole de fécondité ; associé au Soleil et à l'action, il est réputé porter bonheur, et les Anciens le portaient en amulette pour se protéger du mauvais œil ou de la stérilité. Dans la mythologie grecque, Priape, le dieu de la Fécondité, était représenté avec un phallus aux proportions démesurées. Les Grecs et les Romains avaient coutume de placer son effigie dans leurs champs et leurs vignobles, pour favoriser la croissance des végétaux.

Le symbolisme du phallus est toujours présent en Europe, où il s'exprime dans

*Pendant longtemps, la figure du roi a été associée au Soleil et à la prospérité. Cette notion était encore vivante au XVIIIe siècle, lorsque Louis XVI fut guillotiné.*

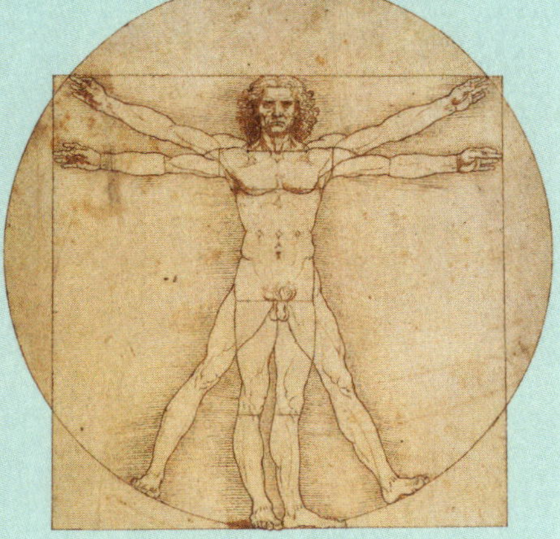

*Le corps humain s'inscrit dans un pentagramme dont les cinq branches (allusion aux cinq éléments de l'univers) sont représentées par la tête et les membres.*

certaines danses folkloriques effectuées autour d'un **MÂT DE COCAGNE**. Symbole de fécondité et de renaissance, associé au Soleil et au printemps, le mât de cocagne est proche de l'Arbre du monde, ou Axe du monde, autour duquel s'organise tout l'univers. Ce type de fête a probablement son origine dans les anciens rites de fertilité associés au culte d'Attis, un berger pour qui la Grande Déesse phrygienne Cybèle conçut un amour platonique. Attis, qui devait rester chaste, tomba par malheur amoureux de la nymphe Sagaritis et s'unit à elle. Folle de jalousie, Cybèle tua la nymphe, et Attis s'émascula dans un accès de démence. Cybèle le ressuscita en lui donnant la forme d'un pin. Le culte d'Attis durait cinq jours, pendant lesquels on honorait, avec tous les égards dus à une divinité, un pin emmailloté dans des bandelettes de laine et tout orné de guirlandes de violettes.

La **BARBE** est un symbole de virilité et de sagesse. Elle évoque la dignité et le pouvoir : la plupart des dieux sont barbus. Dans l'Antiquité, on donnait aux femmes que l'on voulait honorer une barbe postiche, qui témoignait de leurs qualités exceptionnelles.

L'archétype du principe masculin est le **ROI**, qui représente le pouvoir divin sur la Terre et a droit de vie ou de mort sur son peuple. Le roi étant responsable du bonheur de ses sujets, il était courant de le sacrifier, lui ou l'un de ses représentants, lorsque la famine ou une épidémie menaçait. Dans les textes alchimiques, le principe masculin est représenté par un roi rouge qui désigne le soufre.

## LE PHALLUS DANS L'HINDOUISME

Dans l'une des grottes d'Elephanta, une petite île proche de Bombay, se trouve une pierre noire et lisse en forme de cône, qui fait l'objet d'un culte particulier : il s'agit d'un **LINGAM**, vénéré non seulement comme symbole du phallus, mais aussi comme image de l'Axe ou de l'Arbre du monde, qui plonge ses racines dans l'univers souterrain et étire ses branches vers le ciel, embrassant la totalité de la Création. Comme l'Arbre du monde, le lingam comporte trois parties (une base carrée/racines, une partie médiane octogonale/tronc, une partie supérieure cylindrique/sommet). L'ensemble symbolise Shiva, le dieu créateur-destructeur.

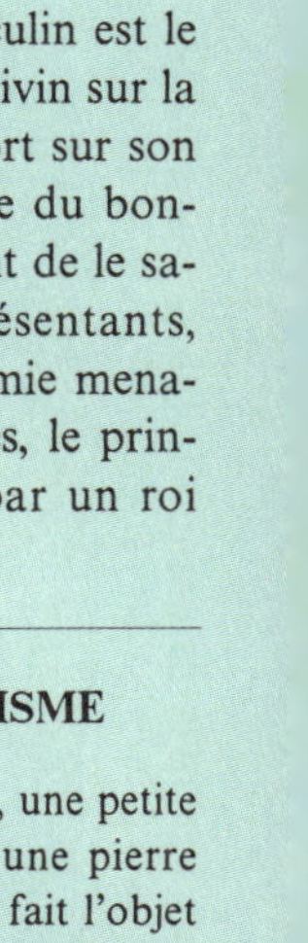

*Dans l'art hindou, le principe causal ou l'énergie créatrice sont symbolisés par un lingam stylisé (phallus) représentant Shiva, le grand procréateur.*

# *Le corps*

Bien que dans la tradition chrétienne la nudité soit associée au péché originel ou à la chute d'Adam et Ève, un **CORPS NU** évoque bien souvent l'innocence, la pureté virginale ou la vulnérabilité. En revanche, la nudité des ascètes ou des membres de certaines sectes marque leur détachement des biens matériels ou signifie qu'ils s'en remettent à la providence divine. Un corps nu est parfois le symbole de la vérité. Les sorcières sont fréquemment représentées dévêtues, car elles passaient pour se rendre nues à leur sabbat, le corps simplement enduit d'un onguent magique.

D'après le psychiatre Carl Jung, il existerait des liens étroits entre la **BOUCHE** et le feu, qui expliqueraient les innombrables légendes où il est question de dragons crachant du feu. Une bouche ouverte peut représenter une destruction ou une prise de parole. En Égypte, un rite funéraire consistait à ouvrir la bouche du défunt selon un cérémonial complexe, afin de l'aider à assurer sa défense devant le tribunal des dieux et de l'exhorter à renaître à la vie.

Les **DENTS** symbolisent l'agressivité ou la vitalité. Les colliers de dents animales, comme ceux que portent les chamans, passent pour rendre invincible. La perte d'une dent est un symbole de castration ou d'impuissance.

Le **NOMBRIL** (omphalos) a toujours été un symbole très utilisé pour représenter l'origine du monde, le lieu d'où est issue la Création, la source de la vie. Ainsi, dans la tradition hindoue, le lotus qui va donner naissance à Brahma, le créateur du monde, jaillit du nombril de Vishnou. En Afrique, l'ombilic aux proportions démesurées que l'on voit sur certaines statuettes figure probablement l'origine du monde. Pour les

*La nudité d'Adam et Ève, chassés du Paradis, évoque leur innocence perdue. L'épée que brandit l'ange, dans cette scène de Masaccio, est une allusion au glaive mentionné dans la Genèse (3 :24).*

yogis, le nombril est le lieu de la concentration spirituelle, et un puissant centre d'énergie créatrice et psychique.

Si, au Japon, on se suicide en s'ouvrant le **VENTRE**, c'est parce que cette partie du corps y est, comme dans tout l'Orient, le siège de la vie. Rond, le ventre figure la prospérité. Pour les Égyptiens, les intestins avaient des pouvoirs magiques. Ils les retiraient soigneusement du corps des défunts et, après les avoir embaumés, les plaçaient dans des urnes (canopes) qu'ils déposaient dans le tombeau.

Le **PIED** représente le contact du corps avec la terre, son point d'appui, la liberté de se mouvoir, mais aussi le lien entre le monde terrestre et le monde divin. C'est un symbole de pouvoir. Les sept symboles ésotériques figurant sur la plante des pieds du Bouddha (la conque, la couronne, le sceptre, le poisson, le vase, le svastika et la roue de la Fortune) témoignent de son caractère divin.

Dans certains ordres mendiants, le fait de marcher pieds nus est un signe d'humilité qui rappelle le geste du Christ lavant les pieds des apôtres.

## LA LANGUE

La langue est un symbole d'agressivité très employé, car c'est la seule partie du corps que l'on peut représenter de façon si saisissante. Chez les Maoris, on tire la langue en signe de défi lors des *hakas* (danses guerrières). En Égypte, le dieu Bès montre aussi la langue pour éloigner les esprits malfaisants. La langue est souvent comparée à une flamme. Elle est, comme elle, rouge et mobile, et permet de nettoyer une surface (action purificatrice ou destructrice). On retrouve une idée similaire dans la tradition védique, où le dieu du Feu, Agni, est représenté avec sept langues. En tant qu'instrument de la parole, la langue est le symbole du langage, de l'éloquence ou de la sagesse. Chez les Égyptiens, les morts sont fréquemment représentés bouche ouverte – allusion à la pesée des âmes, au cours de laquelle les morts doivent rendre compte de leurs actes devant le tribunal des dieux.

*La Grande Déesse indienne, Kali, qui incarne l'aspect destructeur de Mahadevi, est souvent représentée langue pendante.*

# *Les cheveux*

Les cheveux sont généralement une partie du corps extrêmement importante. La coiffure – la façon dont les cheveux sont coupés et arrangés – exprime généralement une fonction sociale. Le plus souvent, la chevelure est un signe d'énergie vitale, comme en témoigne le personnage biblique de Samson, dont la force herculéenne résidait dans la chevelure. Dalila dut lui raser le crâne pendant son sommeil pour que les Philistins puissent le capturer.

*Bouddha est généralement représenté avec un crâne rasé, qui marque son renoncement aux biens matériels. Mais les cheveux frisés de ce bouddha coréen symbolisent la maîtrise de soi.*

Dans l'Antiquité, chez les Celtes et les Germains notamment, les cheveux longs permettaient de distinguer les hommes libres des esclaves. Ils étaient un signe de pouvoir, de liberté ou d'indépendance. On retrouve cette idée chez certains ermites ou ascètes qui laissaient (ou laissent) pousser leurs cheveux pour marquer leur refus du monde civilisé. En revanche, la **NATTE** que les Chinois furent obligés de porter au XVII^e siècle marquait leur soumission aux Mandchous. Aujourd'hui, dans le monde chrétien, il est fréquent que les femmes ou les hommes entrant en religion se coupent les cheveux – certains ecclésiastiques portant la tonsure –, afin d'indiquer leur soumission à Dieu, leur renoncement aux biens matériels ou en signe de pénitence.

*La Gorgone Méduse, à la chevelure de serpent, incarne les aspects malfaisants et destructeurs attribués à la femme.*

La chevelure est souvent considérée comme le siège de l'âme, à la différence des poils situés sur la poitrine, les bras ou les jambes, qui sont généralement associés à la virilité (le poil est un attribut du diable, dans l'imagerie chrétienne). C'est pour cette raison que les Sikhs laissent pousser leurs cheveux et leur barbe, tandis qu'en Amérique du Nord les Indiens scalpaient leurs ennemis, pour s'assurer de leur avoir ôté leurs pouvoirs. Les cheveux entrent d'ailleurs fréquemment dans la composition des sortilèges et philtres d'amour.

Les **MÈCHES** de cheveux symbolisent les relations avec Dieu : certains musulmans, lorsqu'ils se rasent le crâne, laissent une mèche pour que Mahomet, à leur mort, puisse les tirer jusqu'au paradis.

Chez les femmes, la coiffure révèle souvent la situation maritale. En Russie, par exemple, les jeunes filles portaient une seule tresse, les femmes mariées en avaient deux. Selon le contexte, des cheveux flottants sont un signe de mœurs légères ou de virginité.

Au Moyen Age, des **CHEVEUX ROUX** signalaient une connivence avec le diable et une sensualité débridée.

*Ci-contre : Marie-Madeleine, qui essuya les pieds du Christ avec ses cheveux, peinte ici par Giotto, porte des cheveux très longs, en signe de chasteté. Dans l'iconographie chrétienne, la sainte est très souvent représentée vêtue de sa seule chevelure.*

# *Le cœur, le sang et la tête*

Le **CŒUR** représente des sentiments (amour, compassion, charité) ou des émotions (joie ou chagrin). Souvent associé à l'âme, il est un symbole de vérité, d'illumination ou d'entendement. En Égypte, où il était considéré comme l'organe essentiel et le siège de la conscience, c'était le seul viscère que l'on n'extrayait pas du corps lors de l'embaumement. Parfois, il est comparé à un soleil qui gouvernerait le corps : les Aztèques offraient au Soleil le cœur de leurs victimes, afin de prolonger l'activité de l'astre.

Dans de nombreuses religions, le cœur est le siège symbolique de la vérité, de la conscience et du courage moral. Pour les musulmans, les juifs et les chrétiens, il représente le trône ou le temple de Dieu. En Inde, il figure la demeure de Brahma. Pour les Chinois, il est le lieu de la Révélation, et les Celtes en faisaient le centre de la vie. Dans la Bible, il est souvent employé dans un sens métaphorique, pour désigner l'âme. Ainsi, dans l'Épître aux Éphésiens (3 :17), il est dit : « Que le Christ habite en vos cœurs. » La fête du Cœur de Jésus (ou fête du Sacré-Cœur) est encore célébrée aujourd'hui, autour du Christ représenté portant la couronne d'épines.

Dans l'iconographie chrétienne, le cœur a la forme d'un vase, réceptacle pouvant accueillir l'amour divin, mais aussi évocation du Graal.

*C'est un cœur en flammes que tient saint Augustin dans ce tableau peint par Tiepolo, qui représente Louis IX adolescent – le futur Saint Louis.*

Le **CŒUR ARDENT – EN FLAMMES** – est l'emblème de saint Augustin et de saint Antoine de Padoue et symbolise la foi du chrétien. En revanche, dans les nombreux tableaux du XVe ou XVIe siècle représentant la déesse grecque Aphrodite (Vénus, dans le panthéon romain), il évoque la passion charnelle. Le **CŒUR TRANSPERCÉ** par les flèches de Cupidon est un autre thème de la Renaissance ; c'est aujourd'hui le symbole de la fête de la Saint-Valentin l'emblème des amoureux.

*Ci-contre : Anubis, le dieu à tête de chacal du monde souterrain, compare le poids du cœur du défunt à celui d'une plume d'autruche, attribut de la déesse Maât, symbole de la justice, afin de voir s'il est chargé de péchés.*

Le **SANG** symbolise généralement l'énergie vitale. De nombreuses cultures en font le véhicule de l'essence divine ou, plus fréquemment, de l'âme. Dans certaines traditions, on prêtait au sang des pouvoirs fertilisants : on le répandait sur le sol pour faire venir la pluie ou féconder la terre. Bien souvent, on lui attribuait aussi une action purificatrice. Le sang des taureaux sacrifiés lors des cultes de Mithra et de Cybèle était doté de pouvoirs magiques. Les adeptes se faisaient conduire dans une fosse recouverte d'une grille et se laissaient asperger par le sang de l'animal. Dans un grand nombre de légendes, on scelle des alliances avec du sang. Pour les catholiques, le vin, l'un des deux éléments de l'Eucharistie, incarne le sang du Christ.

## LA TÊTE

Dans l'Antiquité, lors des combats singuliers, on cherchait tout particulièrement à frapper l'adversaire à la tête, non parce qu'elle abrite le cerveau, mais parce qu'à l'époque elle passait pour renfermer l'énergie vitale de l'individu, ses pouvoirs ou – dans beaucoup de traditions – son âme. Dans le monde celte, par exemple, l'usage était de décapiter les ennemis et de conserver soigneusement leurs têtes, que l'on allait parfois jusqu'à embaumer. En « prenant » la tête de leurs adversaires, les guerriers espéraient s'approprier leur force et leur courage.

De nombreuses divinités sont représentées avec une ou plusieurs têtes d'animaux, qui indiquent le trait dominant de leur personnalité ou leurs différentes fonctions. Le dieu égyptien Amon-Râ est souvent pourvu de quatre têtes de bélier, qui correspondent à l'esprit des quatre éléments. Dans la mythologie grecque, Hécate, divinité du monde souterrain associée à la Lune – où séjournent les morts –, est dotée de trois têtes (une de lion, une de chien, une de jument) qui symbolisent les trois phases de la vie (croissance, vieillesse, mort) ou les trois mondes (Enfer, Terre, Ciel). Brahma, l'un des principaux dieux du panthéon hindou, est parfois représenté avec quatre têtes qui figurent les quatre Veda, les livres sacrés. En Égypte, l'effigie d'une tête d'homme associée à une tête de femme était réputée pour protéger contre les esprits malfaisants. Dans toutes les cultures, les mouvements de tête sont porteurs de sens.

*Ce bas-relief guatémaltèque de la civilisation prétoltèque représente une décapitation lors d'un sacrifice au Soleil. Les serpents qui jaillissent du cou figurent les gouttes de sang.*

# *La main et l'œil*

L'importance de la **MAIN** dans la vie quotidienne est telle qu'elle est un symbole de pouvoir (spirituel et temporel), d'action, de force et de protection dans le monde entier. La croyance selon laquelle elle transmettrait par ses extrémités de l'énergie – le fluide des guérisseurs – et que les rois de France avaient le pouvoir de guérir les écrouelles par simple imposition des mains n'a fait que renforcer ce symbolisme. Les gestes de la main sont très importants dans les sacrements religieux.

*Cet œil stylisé (Oudjat) représente l'œil d'Horus, le dieu égyptien à tête de faucon, qui voit tout. Il symbolise souvent l'omniscience.*

En Occident, on associe généralement la **MAIN DROITE** au Bien : elle est celle qui bénit, la main de miséricorde. Elle représente davantage de valeurs positives que la main gauche, pour la simple raison que la plupart des gens sont droitiers. Dans le monde chrétien, la main droite correspond au principe masculin, à l'action et au Soleil, la **MAIN GAUCHE** étant assimilée au principe féminin, à la faiblesse, à la passivité et à la Lune. En Chine comme au Japon, cette distinction est beaucoup moins tranchée, en raison de l'échange continuel entre le yin et le yang, mais on peut globalement associer la main gauche à la sagesse, à l'honneur et aux principes solaire et masculin, et la main droite aux caractéristiques lunaires et au principe féminin.

Symbole presque universel de domination, la main a bien d'autres significations. Ainsi, dans l'hindouisme et le bouddhisme, les gestes de la main *(mudrâ)* forment des centaines de signes, qui prennent un sens différent selon que la main est levée ou baissée, ouverte ou fermée, etc. Les mouvements des mains et la position des doigts ont également une signification précise. Dans l'iconographie, un œil figuré au

*Le Christ lève la main droite dans un geste de bénédiction. Son index et son majeur dressés symbolisent l'enseignement et le jugement.*

centre de la paume est un symbole de clairvoyance ou de sagesse compatissante.

La main est d'une si grande valeur qu'elle est souvent représentée seule, dans les peintures rupestres par exemple (empreintes de main). Dans les pays musulmans, la main (« main de Fatima ») est une amulette extrêmement répandue.

La main de justice, objet en ivoire ou en métal précieux reproduisant une main gauche et monté sur un sceptre, incarne le pouvoir judiciaire et la capacité à discerner le Bien du Mal.

Aussi précieux que la main, l'**ŒIL** est, en règle générale, un symbole de perception intellectuelle, de vision intérieure ou de conscience morale. Dans la tradition chrétienne, l'œil inscrit dans un triangle dont le sommet est tourné vers le haut symbolise l'omniscience divine et la Trinité. Les démons sont parfois représentés comme des cyclopes, dotés d'un œil unique au milieu du front. Dans certaines traditions (hindouisme, shintoïsme, taoïsme), à l'inverse du symbolisme occidental, l'œil gauche correspond au Soleil et au principe masculin, l'œil droit à la Lune et au principe féminin. Le « troisième œil » des hindous – l'œil frontal de Shiva, capable de tout réduire en cendres – symbolise la perception spirituelle et les facultés surnaturelles. Pour les bouddhistes, cet œil est l'organe de la vision intérieure.

*Pour les musulmans, la main de Fatima (la fille du prophète Mahomet) représente à la fois la main de Dieu et les cinq préceptes de l'islam : foi, prière, pèlerinage, jeûne et charité.*

Dans l'Antiquité, l'œil représentait très souvent la providence divine, et, de ce fait, on lui attribuait un pouvoir protecteur. En Égypte, l'*Oudjat*, l'œil d'Horus, était une amulette que l'on trouvait sur de nombreux édifices.

A l'opposé, le **MAUVAIS ŒIL** est une malédiction proférée, à en croire la tradition musulmane, par les envieux. Dans la mythologie grecque, un seul regard de la Gorgone suffisait à changer en pierre quiconque entrait dans son champ de vision. Persée ne parvint à la tuer qu'en lui tournant le dos et en utilisant son bouclier comme miroir. Les talismans en forme d'œil auraient tous un pouvoir identique à celui de l'*Oudjat*, ou encore du fer à cheval, réputé, depuis le Moyen Age, protéger du mauvais œil.

Des **YEUX MULTIPLES** figurent les étoiles et sont associés à la chance. Les plumes de paon, dont les ocelles ressemblent à des yeux, sont considérées comme un symbole d'immortalité.

*L'œil figuré au centre du Soleil symbolise l'omniscience divine. Dans l'iconographie chrétienne, un œil unique représente Dieu.*

# La mort

La mort, qui suscite une crainte universelle, est au cœur de toutes les philosophies et religions du monde. En raison de sa soudaineté et de son inéluctabilité, elle est souvent évoquée par une faux, qui coupe sans discernement tout ce qu'elle trouve sur son passage. Une faux ou une faucille est d'ailleurs fréquemment l'attribut de **CRONOS**, le temps qui passe, personnifié par un vieil homme montrant un sablier – autre symbole de l'écoulement du temps, qui nous invite à ne pas le gaspiller et qui suggère aussi, puisqu'il faut le retourner régulièrement, un possible recommencement. A Cronos, l'on oppose quelquefois l'**ENFANT**, évocation de la jeunesse perdue, symbole de pureté, d'innocence et de spontanéité, parfois assimilé à un œuf renfermant tous les possibles.

Fontaine de jouvence, nectar, ambroisie, soma, hydromel, élixir d'immortalité, les mythes abondent de produits miraculeux capables d'inverser le cours du temps, de procurer une jeunesse éternelle et de conduire à l'immortalité. En Chine, les symboles de **LONGÉVITÉ** sont innombrables : arbres (bambou, cèdre, chêne, cyprès, myrte, palmier, sapin), fruits (cédrat, pêche, poire, pomme, prune), animaux (cigogne, colombe, crapaud, éléphant, grue, lièvre, phénix, tortue), pierres précieuses (jade, diamant, rubis), la couleur verte.

*La Mort dansant avec le diable évoque le caractère éphémère des plaisirs charnels (statuette en bois, Mexique).*

*Cette créature, mi-animale, mi-humaine, porte une ramure – symbole de résurrection – et représente très probablement un chaman (peinture rupestre, 10000 av. J.-C.).*

Rares sont les philosophies ou les religions qui, devant le caractère inéluctable de la mort, ne préconisent pas l'oubli de soi et le renoncement aux biens matériels. Dans l'iconographie chrétienne, la brièveté de la vie et la vanité des choses de ce monde sont souvent évoquées par un **CRÂNE** ou des **OSSEMENTS** placés à côté de signes de richesse ou de pouvoir : pièces d'or, bijoux, couronne, sceptre...

Dans les sociétés primitives, on croyait que, lors de la résurrection des corps, le squelette, qui ne disparaît pas dans le processus de décomposition, se couvrirait d'une nouvelle chair ; dans cette perspective, il fallait veiller à ce qu'aucun os ne manque. Les morts étaient donc inhumés avec soin, parfois sous d'immenses blocs de pierre, formant des sortes de maisons des morts. En Europe du Nord, on enterrait également les animaux après une reconstitution minutieuse de leur squelette : c'était, pour les chasseurs, une façon de s'assurer de la perpétuation de l'espèce. Les mêmes pratiques existaient chez les peuples pêcheurs, qui remettaient dans l'eau les arêtes des poissons qu'ils avaient consommés. Ces croyances sont parfaitement exprimées dans un mythe scandinave, qui rapporte une terrible colère de Thor : alors qu'il vient de bénir avec son marteau des peaux sur lesquelles ont été reconstitués les squelettes d'animaux qui ont servi au repas, il s'aperçoit que l'une des chèvres qu'il vient de ressusciter boite : l'un des enfants de son hôte a brisé un fémur pour en sucer la moelle.

Pour les alchimistes, la mort correspond à l'Œuvre au noir *(nigredo)*, la phase de décomposition qui précède l'arc-en-ciel.

## REPRÉSENTATION DE LA MORT

La mort est généralement représentée par des personnages effrayants, dont l'un des plus connus en Occident est le **SQUELETTE** revêtu d'une cape noire à capuchon, portant une faux, un trident, une épée, ou un arc armé d'une flèche. La Mort tient souvent dans la main un sablier qui évoque la brièveté de la vie. En revanche, les dieux qui gouvernent le royaume des morts ne sont pas toujours aussi terrifiants que leurs émissaires. En Irlande, Donn, le dieu de la Mort, est aussi la source de toute vie. Dans le panthéon grec, Hadès, le dieu des Morts, avait pour surnom le Bon Conseiller, ou le Dispensateur de richesses, car il favorisait aussi les récoltes. Dans l'Antiquité, la Mort était représentée de multiples façons : squelette, tombeau, crâne, cavalier armé d'une épée, jeune homme portant une torche à la flamme vacillante (il incarnait Thanatos, dieu de la Mort), danse macabre. Pour l'islam, Israfil est l'ange de la mort qui rend visite aux personnes dont la dernière heure est venue. La couleur associée à la mort est le noir en Occident, le blanc en Orient. Coquelicots, asphodèles et cyprès sont quelques-uns des végétaux symboles de deuil. Les navires (nefs des morts) évoquent le voyage dans l'au-delà.

*Ce détail du* Triomphe de la Mort, *de Pieter Bruegel, témoigne de la violence des persécutions religieuses qui eurent lieu aux Pays-Bas, dans les années 1560, alors que la première épidémie de peste se répandait en Europe.*

# *Valeurs religieuses, rites et sacrifices*

Pour les hommes de l'Antiquité, les dieux étaient considérés comme des entités particulièrement capricieuses dont il fallait se concilier les faveurs et obtenir la protection en multipliant les offrandes et les sacrifices – qui se révélaient parfois très cruels. En « inventant » le libre arbitre, les hommes échappèrent à la fatalité, mais devinrent par la même occasion le siège d'une lutte continuelle entre le Bien et le Mal.

De nombreux mythes reflètent ces déchirements, qui prennent souvent la forme d'un conflit entre jumeaux aux personnalités opposées. Les symboles permettent de représenter concrètement des notions abstraites comme le principe causal (Dieu), le Mal (le diable), le Bien (les bons génies, les fées), la récompense ou la punition (Paradis ou Enfer)...

Dans la tradition alchimique, l'obtention de la pierre philosophale (représentée ci-dessous par un paon) résulte de la pacification des contraires (le Soleil et la Lune).

*Cette représentation de l'archange Michel maîtrisant Satan, par William Blake, illustre le combat entre deux forces antagonistes et irréconciliables, le Bien et le Mal, qui se partagent le monde. Cette conception est loin d'être universelle. Ainsi, pour les taoïstes, le Mal résulte simplement du désordre.*

# *L'au-delà*

Jardin des béatitudes, Iles fortunées, Iles des bienheureux, Plaine fleurie de la joie, Walhalla, Champs Élysées... toutes les mythologies du monde comportent une description du Paradis. La mort est une perspective si effrayante qu'on s'efforce partout de la rendre acceptable, souvent en la présentant comme la dernière étape à franchir avant de retrouver l'état édénique. Chez les Égyptiens de l'Antiquité, la peur de la mort était telle qu'ils avaient rassemblé, dans le *Livre des morts*, des prières, des incantations et des procédés destinés à aider le passage dans l'au-delà. Le *Bardo Thödol*, le Livre des morts tibétain, propose également un rituel pour mettre un terme au cycle des renaissances. Dans les sociétés archaïques, on enterrait généralement les morts avec des provisions et des objets susceptibles de faciliter leur voyage dans l'au-delà.

*Le gracieux papillon est un symbole de l'âme et de la résurrection en de nombreuses régions du monde (Chine, Mexique, Polynésie, Zaïre...).*

Dans un grand nombre de traditions, l'**ÂME** est décrite comme une étincelle divine, qui regagne le Ciel après s'être dégagée de son enveloppe corporelle, ou qui, à tout le moins, persiste d'une façon ou d'une autre après la mort. En Égypte, cette âme immortelle était incarnée par un faucon à tête humaine, Bâ, que l'on disait errer dans les lieux fréquentés par le défunt. Chez les Mayas, elle était figurée par une corde que Dieu tirait vers l'autre monde. Certains peuples, comme les Indiens chasseurs du Canada, l'évoquaient par une petite flamme sortant de la bouche.

Le **PARADIS** est fréquemment représenté comme un jardin à la végétation luxuriante et peuplé d'animaux paisibles, qui reflète la conception du bonheur propre à chaque culture. Dans la tradition islamique, le lait, le vin, l'eau et le miel y coulent à flots, et les femmes, qui symbolisent les plaisirs sexuels, y sont nombreuses. Dans les îles celtes, de belles jeunes femmes attendent égale-

*Le passage entre la vie et la mort est le plus souvent matérialisé par une rivière, comme dans ce tableau de Joachim Patenier, où l'on voit la barque de Charon traverser le Styx.*

ment les guerriers morts au combat. Pour les chrétiens, le Paradis, lieu enchanteur éblouissant, est situé au-dessus de la voûte céleste (symbolisée par un dôme), tandis que l'Enfer, sombre, pestilentiel et terrifiant, se trouve sous terre. Pour les bouddhistes et les hindous, le bonheur est l'état de sérénité suprême auquel accède l'individu qui s'est libéré du cycle des morts et des renaissances.

Dans un grand nombre de cultures, le Paradis est réservé à quelques élus. Ainsi n'entraient dans le Walhalla scandinave que les guerriers morts au champ d'honneur. Dans la mythologie grecque, seuls les héros et les hommes vertueux avaient accès aux Champs Élysées. Selon d'autres traditions, le Paradis est accessible à ceux qui se sont conformés au rituel prescrit (celui du *Livre des morts*, par exemple) ou ceux qui ont expié leurs fautes dans le Purgatoire (religion catholique). Dans le bouddhisme, l'Enfer est un lieu de passage.

L'**ÎLE** désigne un paradis terrestre, le monde de la connaissance ou le royaume céleste où les élus pénètrent après leur mort (telles les Iles fortunées de la mythologie classique, ou celles réservées aux huit Immortels dans la tradition chinoise).

Le **JUGEMENT DERNIER** est un thème très répandu, souvent symbolisé par une balance. Dans la mythologie égyptienne, la pesée des âmes (psychostasie) s'effectuait en comparant le poids du cœur du défunt, représentant sa conscience, à celui d'une plume d'autruche, attribut de la déesse Maât et symbole de justice. Anubis, le dieu des Morts à tête de chacal, surveillait le fléau de la balance, tandis que Thot, dieu de la Sagesse à tête d'ibis, rendait le verdict. Au Tibet, cette pesée était réalisée à l'aide de cailloux blancs (les bonnes actions) et de cailloux noirs (les mauvaises actions). Pour l'islam, ce jugement est matérialisé par un pont aussi fin qu'un cheveu et que seuls les justes peuvent franchir. On retrouve l'image du pont dans la conception chinoise et dans certains contes indiens d'Amérique du Nord.

*Tandis que l'archange Michel pèse les âmes de deux êtres humains, un démon tire discrètement sur l'un des plateaux de la balance.*

L'**IMMORTALITÉ** de l'âme et la réincarnation sont souvent figurées par un papillon, dont la métamorphose incarne bien l'idée de mort et de renaissance.

# *Le Bien et le Mal*

Au VI<sup></sup>e siècle avant notre ère, la religion la plus répandue en Iran était le védisme, un culte polythéiste se caractérisant par des cérémonies d'une grande complexité et par la pratique de sacrifices animaux. Un grand-prêtre renommé, Zarathoustra, qui voyageait beaucoup, entreprit la réforme de cette religion, dont le caractère sanglant et le pointillisme l'exaspéraient. Le mazdéisme – qui allait devenir une religion d'État – était né : le culte des démons y était interdit, et l'existence du libre arbitre affirmée. Mais, en se répandant, le mazdéisme s'altéra et devint une religion manichéiste, dans laquelle s'affrontaient deux principes irréconciliables : le Bien (représenté par Ahura Mazda) et le Mal (Angra Mainyu). A cette époque, le judaïsme affirmait depuis longtemps déjà l'existence du libre arbitre de l'homme, qui doit sans cesse choisir entre ses bons et ses mauvais penchants. Quelques siècles plus tard, le christianisme répandait cette conception à travers le monde entier.

Intermédiaires entre Dieu et les hommes, les **ANGES** sont mentionnés dans un grand nombre de religions, mais leur symbolisme est beaucoup plus élaboré dans les traditions islamique, juive et chrétienne. Décrits comme des êtres humains, souvent androgynes, les anges ont jusqu'à six ailes. Trompettes, harpes, épées, encensoirs et sceptres sont leurs attributs. Parfois présentés comme l'armée de Dieu, les anges remplissent des fonctions de messagers ou de protecteurs.

Au-dessus des anges figurent les **ARCHANGES** : dans l'iconographie chrétienne, Gabriel, le messager qui a annoncé à Marie la naissance de Jésus, est représenté tenant un lis ou un sceptre ; Michel, le vainqueur du dragon, porte une épée qui symbolise la justice ; Raphaël, le protecteur des voyageurs et des enfants, s'appuie sur un bâton de pèlerin.

**L'OBSCURITÉ** est, comme la couleur noire, un symbole ambivalent, pour

*Pour les Anciens, la lumière, qui en se dissociant de l'obscurité a marqué le début du monde, représente la toute-puissance divine.*

désigner non seulement la mort, le péché, l'ignorance et le Mal, mais aussi la vie potentielle – la germination. Elle n'a de sens négatif que lorsqu'elle est opposée à la **LUMIÈRE**, qui incarne le Bien. Elle est alors symbolisée par des démons ou des divinités à l'humeur et aux desseins capricieux. Dans certaines régions d'Asie ou d'Océanie, le Mal est davantage perçu comme la conséquence d'un accident ou d'un désordre que comme une entité à part entière.

*Humbaba est l'un des monstres que durent tuer Gilgamesh et Enkidou, héros babyloniens.*

Pour les chrétiens, **SATAN** est un ange déchu que l'orgueil a conduit à choisir le Mal et à devenir un ennemi de Dieu. Il est représenté, dans la tradition populaire, avec de petites cornes sur la tête et des pieds de bouc – caractéristiques de Pan, le dieu grec des Pâturages. Il a en outre une longue queue, souvent fourchue, et, parfois, des ailes de chauve-souris.

### LA CHASSE AUX SORCIÈRES

Jusqu'au XIII^e^ siècle, les sorciers et sorcières sont craints, mais respectés, et leurs connaissances appréciées. Tout bascule au XIII^e^ siècle, lorsqu'on commence à penser que ces maîtres des forces occultes sont au service du diable. Une terrible persécution débute, qui va durer jusqu'au XVIII^e^ siècle. A la différence des anciennes religions polythéistes, où les démons et esprits malins représentent les aspects destructeurs d'une divinité (par exemple Kali, personnifiant la cruauté de la Grande Déesse Mahadevi) et font partie de l'ordre normal des choses, le christianisme considère Satan et ses disciples comme une monstruosité qu'il faut exterminer par le feu. Les sorciers et sorcières sont ainsi rendus responsables de toutes les calamités qui viennent frapper la communauté – famine, épidémie, guerre... – et font l'objet d'une persécution féroce et sanglante : l'Histoire a retenu le nom d'Urbain Grandier, curé de Loudun, brûlé en 1634, ou le cas des sorcières de Salem (États-Unis), en 1692 (dix-neuf personnes convaincues de sorcellerie furent pendues), mais les victimes de la chasse aux sorcières se comptent par dizaines de milliers, dont un grand nombre furent brûlées vives.

La pratique de la sorcellerie est traditionnellement évoquée par des oiseaux nocturnes (hiboux et chouettes, notamment), des serpents, des plantes (mandragore), des chats noirs ou des crapauds. Au Japon, les sorcières sont associées à des renards, en Sibérie, elles sont symbolisées par des loups.

# *La magie*

Les ministres des différentes religions ont depuis longtemps supplanté les sorciers, magiciens, *medecine men* et autres chamans qui assuraient, dans les sociétés archaïques, la communication avec les entités surnaturelles – divinités et esprits –, mais la croyance en la magie n'a pas pour autant disparu. Le recours à l'**AMULETTE**, objet porte-bonheur ou capable de conjurer le mauvais sort, est universel. L'amulette relève de ce que George Frazer appelle la « magie imitative » (« tout semblable appelle son semblable ») et protège son détenteur par sa forme, son matériau (les pouvoirs de l'ambre sont réputés) ou les inscriptions qu'elle porte. Le talisman obéit au même principe, mais il est plus élaboré que l'amulette et doit être préparé rituellement (*telesma*, en grec, signifie « rite religieux »). A la différence de l'amulette, ses pouvoirs sont spécialisés et protègent contre certains maux bien déterminés : le feu, la foudre, la peste...

*La mandragore, une plante aux propriétés narcotiques dont la racine évoque la silhouette humaine, est l'attribut des sorcières ou des magiciens.*

Les pouvoirs protecteurs du **FER À CHEVAL**, l'un des porte-bonheur les plus connus et les plus anciens (on le trouve à Rome au Iᵉʳ siècle), reposent sur les qualités du fer, qui repousse les démons, sur sa forme en croissant de lune, qui porte chance, et sur le caractère sacré du cheval. Le **BOIS** est également un porte-bonheur répandu. Le geste consistant à toucher du bois pour conjurer le mauvais sort remonterait à la plus haute Antiquité et viendrait de la vénération que les peuples primitifs vouaient aux arbres qu'ils croyaient habités par des divinités ou des esprits. Certaines essences – aubépine, coudrier, chêne et saule – sont réputées pour leurs pouvoirs protecteurs.

Pourtant simple ustensile, le **BALAI** est considéré comme un objet magique depuis des temps très reculés. En Bretagne, il est recommandé de ne pas balayer la nuit, car on risque de blesser les esprits qui se promènent. En Afrique du Nord, on attend même quelques jours avant de balayer la maison d'une personne décédée, pour ne pas l'offenser.

*Ancien alphabet des peuples scandinaves, les caractères runiques passaient pour avoir des pouvoirs magiques et divinatoires.*

## DANSES RITUELLES

Danser, pour les peuples primitifs, c'était fusionner avec l'énergie cosmique, Dieu, l'Esprit ou l'Ancêtre ; c'était – le temps de quelques mesures – connaître l'extase (le meilleur remède qui soit contre la souffrance physique ou morale), se rapprocher de la condition divine en échappant à la pesanteur, ou encore s'assurer la faveur des dieux.

On croyait en effet que la danse avait des vertus magico-propitiatoires, et qu'il suffisait de faire certains pas et figures selon un rythme déterminé pour que le soleil apparaisse ou que la pluie tombe, qu'une femme devienne enceinte ou que le blé pousse, que l'ennemi et la maladie battent en retraite... C'est peut-être ainsi qu'est né le théâtre ou l'art du mime, car la plupart de ces danses « racontaient » un événement particulier : une victoire, par exemple, ou encore une pluie miraculeuse. Les danses en rond visaient à imiter les mouvements du Soleil et de la Lune, ou à suggérer le cycle des saisons. Au Mexique, on pratiquait la danse dite des *voladores*, consacrée au Soleil : quatre hommes, accrochés à un mât haut de 30 mètres par une corde nouée à la taille, évoluaient dans les airs. Parfois, encore aujourd'hui, ce sont seulement les chamans qui tournent sur eux-mêmes, telles des planètes, les bras levés pour attirer l'énergie cosmique, ou baissés pour la diriger vers la Terre. Dans certains villages de Grèce et de Roumanie existe toujours l'étrange coutume du balancement destiné à écarter les esprits malfaisants : le dimanche de Pâques, on installe sur la grand-place un manège de balançoires dont le mouvement évoque la course du Soleil. A Rome et à Athènes, on trouvait également autrefois des fêtes de balancement qui visaient à stimuler la croissance des végétaux.

Les danseurs des peuples primitifs qui revêtent des peaux de bête ou se parent de plumes tentent, eux, de s'approprier les pouvoirs attribués à l'animal invoqué, ou bien d'effrayer les mauvais génies. Dans les danses rituelles hindoues, chaque geste de la main, position de la tête, mouvement des yeux, des bras ou des jambes... a un sens précis. En Afrique, certaines transes sont réputées pour leurs vertus curatives.

Shiva, le dieu créateur-destructeur hindou, illustre bien la fonction cosmique de la danse. Figuré au centre d'un cercle de flammes qui tourne au fur et à mesure qu'il avance, il fait naître et disparaître un monde à chacun de ses pas.

*Certaines danses ont pour but de faire fuir les démons (fête de la Moisson, Bhoutan).*

# *Les rites*

*A Singapour, la persistance de certains rites, comme les danses du Dragon, soude toujours la communauté.*

Les **RITES D'INITIATION**, qui marquent dans la plupart des sociétés le passage d'un état à un autre, se terminent souvent par une mort symbolique annonçant la naissance d'un être nouveau. La **CIRCONCISION** présente à la fois les caractéristiques d'un rite de passage et celles d'une cérémonie religieuse. Chez les juifs, elle est pratiquée huit jours après la naissance ; elle constitue le signe de l'alliance entre Dieu et les hommes, conformément à l'injonction divine faite à Abraham (Genèse 17:11-12), en même temps qu'un signe d'appartenance à la communauté. Ailleurs, la circoncision, souvent effectuée à l'adolescence, fait partie des nombreux rites qui marquent le passage à la vie adulte ; elle prend parfois un sens sacrificiel, l'abandon d'une petite partie du corps

## CHAOS ET FÊTES ORGIAQUES

Les rites n'étaient pas, autrefois, aussi codifiés ni aussi conventionnels qu'ils le sont aujourd'hui. Dans la plupart des cultures anciennes, il existait des périodes de licence bien définies, durant lesquelles les normes sociales étaient rejetées ou même complètement inversées.

A Babylone, la fête du Nouvel An célébrant la victoire de Marduk sur les monstres issus du Chaos durait douze jours, pendant lesquels régnait la liberté la plus absolue. Les saturnales, célébrées en l'honneur de Saturne, le dieu protecteur des semailles, étaient aussi l'occasion de multiples réjouissances : durant sept jours, les distinctions sociales étaient abolies, et les esclaves servis par les maîtres.

Les bacchanales, célébrées en l'honneur de Bacchus, le dieu du Vin et de l'Extase (le Dionysos romain), donnaient également lieu à des fêtes orgiaques, qui devenaient prétexte à toutes les débauches. D'après certains auteurs, ces fêtes symbolisaient le désir de changer de vie, ou plus exactement celui de mener une vie fastueuse, sans limite ni loi – de connaître l'existence que l'on prêtait aux dieux.

*Les bacchanales et les orgies étaient l'occasion de donner libre cours à ses pulsions les plus primitives, comme le suggère parfaitement cette peinture murale romaine.*

symbolisant celui de la personne entière. D'après certains auteurs, la circoncision viserait à marquer davantage les différences sexuelles, le prépuce étant considéré comme un élément féminin. Bien souvent mise sur le même plan que la circoncision, l'**EXCISION** est une mutilation des organes génitaux féminins, qui consiste en une ablation partielle ou totale du clitoris et s'accompagne parfois d'une infibulation (suture des petites et grandes lèvres de la vulve) ; contrairement à la circoncision, elle a tout d'une castration, puisqu'elle altère de façon importante et irréversible les organes génitaux. Elle interdit généralement aux femmes de connaître le plaisir sexuel, provoque des douleurs souvent atroces lors des rapports sexuels et de l'accouchement, et donne également lieu à des infections chroniques.

Pour les chrétiens, la circoncision doit être toute spirituelle : symbole de purification et de régénération, le **BAPTÊME** efface le péché originel et donne naissance à un être nouveau : « Telle est la circoncision du Christ : ensevelis avec lui lors du baptême, vous en êtes aussi ressuscités avec lui » (Épître aux Colossiens 2 :11-12). Jusqu'au IV^e^ siècle, le baptême consista en une immersion totale dans l'eau, puis, du V^e^ au XIII^e^ siècle, en une immersion partielle (le nouveau converti entrant dans l'eau jusqu'à mi-jambes, tandis qu'on lui versait de l'eau sur la tête). Depuis le XIII^e^ siècle, le baptême est pratiqué par affusion (aspersion d'eau sur la tête). Il peut être administré à des nouveau-nés comme à des adultes.

*Objet rituel, ce masque de Nouvelle-Guinée est fabriqué avec des morceaux d'écorce peints et des fibres végétales.*

Dans bien des cultures, les **ABLUTIONS** sont considérées comme un rite de purification très important. Les musulmans procèdent à des ablutions rituelles cinq fois par jour, avant la prière. Dans l'initiation bouddhiste, les novices procèdent également à des ablutions pour rompre avec leur vie passée.

L'**HUILE**, comme l'eau, a toujours eu une très grande importance dans les sacrements. Symbole de la grâce divine, elle était répandue sur les rois et les prêtres nouvellement ordonnés, auxquels elle conférait autorité et puissance. Le mot « messie » lui-même, issu de l'hébreu et traduit en grec par *khristos*, signifie « oint (du Seigneur) ».

Les rites funéraires sont également riches de significations symboliques. Ainsi la **CRÉMATION**, qui permet à l'âme de se dissocier de la chair, est-elle en Inde un symbole de purification, de sublimation et d'élévation spirituelle.

# *Le mariage*

Généralement considéré comme l'un des grands événements de l'existence, le mariage donne une dimension sacrée à l'union d'un homme et d'une femme. L'importance accordée aux cérémonies nuptiales dans les différentes sociétés, sur le plan tant social que religieux, se reflète dans les mythes et légendes relatant les amours de dieux et de déesses, ou de rois et de reines. L'union du Soleil et de la Lune, du Ciel et de la Terre, ou encore du soufre et du mercure (correspondant aux principes masculin et féminin chez les alchimistes occidentaux) est également abondamment traitée. L'entrée dans un ordre religieux s'exprime souvent en termes de mariage : les nonnes sont les épouses du Christ.

Les cérémonies nuptiales donnaient lieu, autrefois, à de multiples rites, dont nous perpétuons certains en en ayant oublié le sens. La plupart concernaient la mariée et visaient à garantir la fécondité et le bonheur du couple. Le **VOILE** nuptial comme la présence de demoiselles et de garçons d'honneur étaient destinés à protéger la fiancée des esprits maléfiques ou d'éventuels ravisseurs. Aujourd'hui, dans les sociétés occidentales, la mariée porte généralement une robe blanche, symbole de pureté, de virginité et d'innocence, mais cette couleur ne s'est imposée, sous l'effet de la mode, qu'à la fin du XVIII^e siècle. Auparavant, les femmes se mariaient plutôt en gris ou en beige. Les rubans du bouquet de la mariée, de préférence bleus, étaient réputés porter bonheur, et les **FLEURS** annonçaient amour et fécondité. Les fleurs d'oranger ornant traditionnellement la couronne de la mariée garantissaient la bonne moralité de la fiancée et plaçaient les époux sous la protection de Vénus, à qui l'orange, fruit à pépins (symbole de fécondité), est consacrée.

D'après certains auteurs, l'**ALLIANCE**, symbole d'union, serait un rappel des liens avec lesquels les Barbares attachaient les femmes qu'ils enlevaient ; d'autres la rapprochent du cercle, figure sans début ni fin qui symbolise l'éternité. On parle souvent de lien et de nœud nuptial quand on évoque le mariage.

*Ce motif nuptial réunit quatre symboles traditionnels : les mains jointes pour le mariage, la grenade pour la fécondité, les épis de maïs pour la prospérité, et la couronne pour l'éternité.*

A la sortie de l'église, jeter quelques poignées de **RIZ** – ou, aujourd'hui, de confettis – est une coutume très répandue, censée garantir la fécondité du couple. Dans certaines régions, on jette des grains d'anis, qui correspondent chacun à une année de bonheur. Le **GÂTEAU DE MARIAGE** est lui aussi un symbole de fertilité, en même temps que le signe de l'alliance entre les deux familles.

La coutume, encore largement observée aujourd'hui, qui veut que la mariée franchisse le **SEUIL** de sa nouvelle maison dans les bras de son mari est une survivance des rites qui symbolisaient l'entrée de la jeune épousée dans une nouvelle vie.

De nombreuses coutumes avaient pour but de conjurer le mauvais sort, d'attirer la chance et d'apaiser les éventuels conflits sociaux suscités par le mariage.

*Ce tableau du Pérugin,* Le Mariage de la Vierge, *a été soigneusement composé pour donner une impression d'équilibre, d'harmonie et d'ordre, qualités particulièrement appréciées à la Renaissance.*

# *Les sacrifices*

Dès la plus haute Antiquité, les hommes ont eu recours aux sacrifices pour se concilier la faveur des dieux. L'offrande, matérialisée par l'abandon ou la destruction d'un bien, pouvait consister en une simple libation ou en un sacrifice sanglant. Plus le bienfait attendu en retour était important, plus le bien offert devait être précieux. La grande valeur des animaux domestiques en faisait des victimes toutes désignées – après les êtres humains. Les sacrifices humains des Aztèques, qui faisaient constamment la guerre pour constituer des prisonniers qu'ils immolaient au Soleil, sont connus. D'après George Frazer, l'auteur du *Rameau d'or*, les peuples d'Asie Mineure procédaient aussi à des sacrifices humains chaque fois que la sécheresse, la peste ou la famine menaçait. Des sacrifices sanglants d'une extrême cruauté étaient également pratiqués dans le cadre des rites de fertilité visant à garantir le retour du printemps et à perpétuer le cycle végétal : on écorchait les victimes, pour évoquer la façon dont on effeuillait les épis de maïs, ou on les écartelait, pour figurer la section opérée par la faux lors de la moisson. Très souvent, on répandait leur sang pour féconder la terre.

Brûler de l'**ENCENS** représentait un sacrifice bien moins coûteux. A l'origine, l'encens servait seulement à parfumer les offrandes ; il ne se substitua à celles-ci que bien plus tard. Matière visible s'élevant dans les airs, la fumée que dégage l'encens en se consumant est souvent considérée comme un lien entre la Terre et le Ciel, et représente parfois le chemin pris par les âmes ou les prières adressées aux divinités. On l'associe généralement à la pureté, à la vertu et à la douceur. L'encens et la myrrhe, apportés à Jésus par les rois mages, furent pendant toute l'Antiquité des présents très appréciés au Moyen-Orient. En Égypte, en Perse, en Mésopotamie, dans le monde gréco-romain, on utilisait aussi l'encens lors des cérémonies religieuses ou les sacrifices. En Extrême-Orient, en Inde, en Chine et au Japon, on lui préférait le basilic ou le bois de santal.

*Procession marquant la fin du Ramadan, mois pendant lequel les musulmans doivent pratiquer l'abstinence du lever au coucher du soleil. Pour leur part, les chrétiens respectent surtout le jeûne du carême, et les juifs celui de Yom Kippour.*

*Les prêtres du dieu aztèque de la Végétation, Xipe Totec, représenté ici, portaient la peau des victimes qu'ils avaient écorchées pour évoquer la facon dont on effeuille l'épi de maïs.*

Une autre forme de sacrifice consiste à exclure un animal, ou une personne, après l'avoir chargé de tous les péchés de la communauté. Ainsi, aux temps bibliques, le jour de l'Expiation (le *Yom Kippour)*, les Israélites désignaient ainsi par tirage au sort un **BOUC ÉMISSAIRE**, qui endossait toutes les transgressions du peuple hébreu, et qu'ils abandonnaient ensuite dans le désert. Mais, dans certaines régions d'Afrique, d'Amérique, ou du Mexique, le bouc émissaire était un être humain, rendu responsable de tous les maux frappant la collectivité, et qui était mis à mort après avoir été humilié de diverses façons. Ces meurtres visaient à assurer le salut du groupe.

Le **JEÛNE**, privation volontaire de nourriture totale ou partielle, constitue une autre forme de sacrifice, la mortification étant pratiquée à titre de pénitence ou en signe de dévotion. Dans l'hindouisme, le jaïnisme et le taoïsme, le jeûne passe pour favoriser la contemplation et les visions extatiques.

La **FLAGELLATION** est aussi une manière de sacrifice atténué. Pratiquée par le sujet lui-même, elle exprime un besoin de pénitence, de purification ou de discipline.

## LES PÈLERINAGES

Faire un pèlerinage revient à faire un sacrifice en termes de temps, de confort et de statut social. Le temps du voyage, le pèlerin vit dans des conditions matérielles difficiles et souvent dans un grand dénuement. A la fois rite d'initiation et acte de foi, le pèlerinage représente une pénitence ou une ascèse. Il peut également marquer le début d'une nouvelle vie. Lorsqu'il consiste à se rendre dans un lieu saint, parfois très éloigné, c'est une survivance de l'ancienne croyance selon laquelle les forces surnaturelles se manifesteraient avec plus de puissance en certains endroits. Pour les musulmans, le principal lieu saint est La Mecque, où naquit Mahomet. Pour les hindous, c'est Bénarès, sur le Gange. Les principaux lieux de pèlerinage des chrétiens sont, outre la Terre sainte, Rome (où fut exécuté saint Paul et où s'élève la basilique Saint-Pierre), Saint-Jacques-de-Compostelle (où les restes de l'apôtre, mort à Jérusalem, furent mystérieusement retrouvés) et les différents lieux d'apparition de la Vierge Marie, associés à des guérisons miraculeuses. L'épreuve d'endurance et le dépouillement qu'implique un pèlerinage sont représentés par différents objets : bâton, bol, chapeau, pèlerine, gourde, sac. La feuille de palmier évoque la Palestine, et la coquille Saint-Jacques l'apôtre.

# *Vertus cardinales et péchés capitaux*

Le christianisme distingue trois vertus théologales et quatre vertus cardinales. La **CHARITÉ** est la vertu théologale la plus importante. Elle est généralement représentée par une jeune femme tenant dans une main des vêtements et des victuailles destinés aux déshérités, et dans l'autre une bougie, une flamme ou un cœur ardent. La **FOI** est la deuxième vertu théologale. Une croix, un calice, une chandelle ou la Bible la caractérisent. La troisième vertu théologale, l'**ESPÉRANCE**, est personnifiée par une femme dont la coiffure porte une ancre ou un bateau à voile, et qui tend une corbeille de fleurs. Dans la tradition hébraïque, le poisson, le pain et le vin en constituent les symboles.

Le **COURAGE** fait partie des vertus cardinales. Il est souvent représenté par une femme armée d'un casque et d'un bouclier,

*Dans l'iconographie égyptienne, la justice est représentée par Osiris, qui tient un sceptre, signe de son autorité divine, et un fouet, symbole du pouvoir judiciaire.*

accompagnée d'un lion dont elle s'efforce d'ouvrir la bouche. Les autres symboles du courage sont le camélia, le bâton, la colonne, l'épée et, en Chine et au Japon, la carpe.

Une jeune femme tenant dans une main une balance et dans l'autre un glaive incarne traditionnellement la **JUSTICE**, que les peintres de la période baroque figuraient les yeux bandés pour en évoquer le caractère impartial. La **PRUDENCE** est représentée par une jeune femme accompagnée d'un serpent ou d'un dragon. Le miroir dans lequel elle se regarde symbolise la connaissance de soi-même (la sagesse). La **TEMPÉRANCE**, autre vertu cardinale, est généralement personnifiée par une femme versant de l'eau dans une carafe de vin. Quant à la **CHASTETÉ**, elle apparaît comme une femme voilée, portant un bouclier qui la protège des flèches du désir, ou piétinant un cochon qui symbolise la luxure. Les symboles de la chasteté sont innombrables : abeille, aubépine, bleu et blanc, château, châtaigne, colombe, croissant de lune, diamant, éléphant, hermine, iris, etc.

*Dans ce tableau de Léonard de Vinci, la chasteté est évoquée par l'hermine, dont la fourrure blanche a toujours été associée à la pureté. A en croire la légende, l'hermine meurt lorsque sa robe est souillée.*

## LES SEPT PÉCHÉS CAPITAUX

Les sept péchés capitaux – ou mortels – que dénonce le christianisme ont donné lieu à une importante iconographie.

La **COLÈRE** est souvent incarnée par une femme déchirant ses habits, l'**AVARICE** par un homme assis sur un tas de pièces d'or ou serrant dans sa main une bourse pleine – le rat et le crapaud sont également de puissants symboles d'avarice.

Une jeune femme s'étranglant elle-même est l'une des figures de la **JALOUSIE**. Elle est souvent accompagnée d'un scorpion ou d'un serpent. La **GOURMANDISE** est très fréquemment personnifiée par une personne corpulente ou par des animaux réputés voraces : le cochon, l'ours, le renard et le loup.

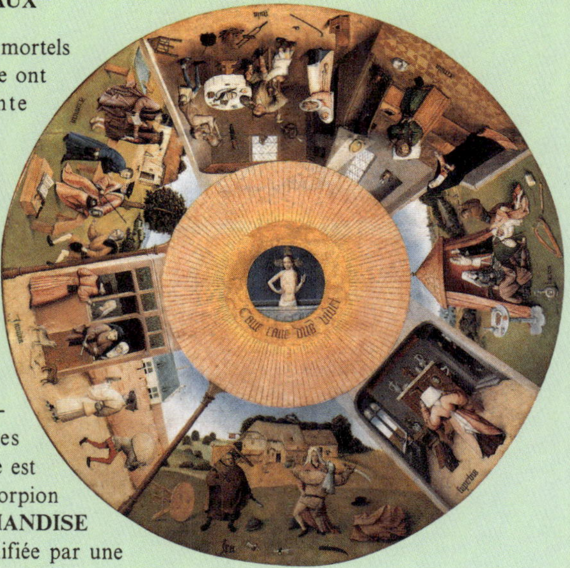

*Centre de table peint par Jérôme Bosch, vers 1475-1480, évoquant les sept péchés capitaux. Le Christ est figuré au centre.*

La **LUXURE** a inspiré un grand nombre de tableaux, d'illustrations et de gravures. Généralement associée au diable et à la sorcellerie, elle est souvent représentée par une femme nue chevauchant un bouc, ou bien par un serpent ou un crapaud posé sur une poitrine ou un sexe de femme – les pulsions sexuelles féminines étaient jugées encore plus scandaleuses par l'Église que celles des hommes. La luxure est symbolisée par plusieurs animaux : âne, basilic, centaure, chat, cheval, chèvre, coq, léopard, lièvre, ours, sanglier, singe.

L'**ORGUEIL** est habituellement personnifié par une femme accompagnée d'un paon ou d'un aigle, ou encore chevauchant un lion. La citation de la Bible selon laquelle « l'orgueil précède la ruine, et l'arrogance la chute » (Proverbes 16 :18) est à l'origine de nombreux tableaux représentant un cavalier désarçonné. Ainsi, le chef-d'œuvre du Caravage, *La Conversion de saint Paul* (vers 1600), montre l'apôtre tombant de cheval alors qu'il chemine sur la route de Damas. L'orgueil est aussi figuré par un coq, un démon, un léopard, un miroir ou une ziggourat (temple en forme de pyramide).

Enfin, il faut citer l'ultime péché mortel, la **PARESSE**, très fréquemment représentée par un cochon ou par un homme bien en chair monté sur un âne ou un bœuf. L'escargot est également un symbole de paresse dans l'iconographie chrétienne.

# *Le monde animal*

La diversité du monde animal est telle qu'il est peu de concepts, valeurs religieuses ou traits de caractère que l'on ne puisse représenter par un mammifère, un oiseau, un poisson ou un reptile. Certains animaux incarnent d'ailleurs si bien les qualités les plus prisées dans les sociétés archaïques (force physique, longévité, fécondité...) qu'on leur voue parfois un véritable culte. Devenu le totem du clan, l'animal fait alors l'objet d'un interdit alimentaire. En revanche, on revêt sa peau ou l'on arbore ses plumes, espérant ainsi s'approprier un peu de ses pouvoirs magiques – ou du moins s'assurer sa protection.

Les animaux sont très présents dans la plupart des mythologies, qu'ils prêtent leurs traits aux différentes divinités (en Égypte, notamment) ou qu'ils leur servent de monture (Inde, Chine). Très souvent aussi, dieux ou déesses apparaissent aux humains sous la forme d'un animal (Grèce, monde celte).

*Ce gigantesque oiseau évoquant un aigle est un Oiseau-tonnerre, auquel les peuples amérindiens accordent un grand pouvoir destructeur ou créateur (Nord-Ouest américain).*

# *Animaux fabuleux et créatures hybrides*

Les animaux fabuleux des mythes et légendes sont, la plupart du temps, des créatures dotées de pouvoirs surnaturels, dont l'aspect et le symbolisme se sont modifiés au fur et à mesure des apports successifs. Par exemple, le **SPHINX** – tel celui qui flanque la grande pyramide de Gizeh – désignait à l'origine un gigantesque lion de pierre à tête humaine qui symbolisait l'invincibilité du pharaon. Il n'avait donc pas grand-chose de commun avec le sphinx grec, créature ailée mi-lion, mi-femme, qui engloutissait ceux qui n'avaient pas su résoudre ses énigmes – et dans lequel le psychiatre Carl Jung vit un symbole de la mère dévoreuse et castratrice.

*Les satyres, créatures humaines dotées de sabots et de cornes de bouc, représentent la lubricité et la débauche. Dans la mythologie grecque, les Satyres étaient les compagnons des Ménades lors des orgies dionysiaques.*

Le **GRIFFON**, monstre mi-aigle, mi-lion, a connu lui aussi une évolution surprenante : tout d'abord considéré dans la tradition chrétienne comme une incarnation du démon, il est devenu le symbole de la double nature du Christ (humaine et divine), en raison de ses composantes terrestres (le lion) et célestes (l'aigle).

Le **BASILIC**, serpent auquel les Anciens attribuaient le redoutable pouvoir de tuer par son seul regard, fut doté au Moyen Age d'un corps de coq qui allait faire de lui un symbole de luxure.

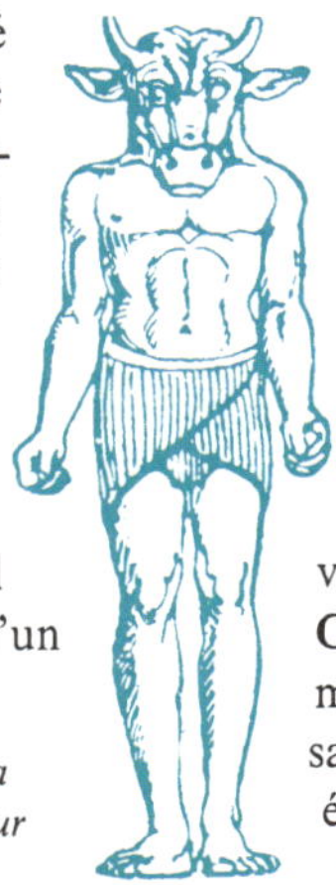

*Le Minotaure personnifie la dualité de la nature humaine et le caractère destructeur des désirs refoulés.*

Les mythes abondent en créatures infernales ou effrayantes qui personnifient notre hantise de la mort et notre peur de l'inconnu, ou qui incarnent nos pulsions et émotions. Ainsi : le dieu égyptien **SOBEK**, un crocodile à la crinière de lion et au corps d'hippopotame, qui dévore les âmes des damnés après leur mort ; **CERBÈRE**, le chien à trois têtes qui garde l'Hadès, les Enfers grecs ; l'**HYDRE**, serpent à sept têtes, qui incarne la difficulté à éliminer ses vices ; la **CHIMÈRE**, dragon formé d'un serpent, d'un lion et d'une chèvre, que le Grec Bellérophon ne parvint à tuer que parce qu'il chevauchait Pégase, le cheval ailé ; les **LAMIES**, moitié serpent et moitié femme, qui ravissent les enfants et personnifient la jalousie ; les **GORGONES**, à la chevelure de serpents, qui représentent les obstacles terrifiants auxquels tout être humain est confronté.

En règle générale, les créatures mi-homme mi-animal incarnent la dualité de la nature humaine. Le **CENTAURE**, moitié homme et moitié cheval, représente l'homme violent et esclave de ses instincts. Le **CAPRICORNE**, créature mi-bouc, mi-poisson, symbolise la toute-puissance divine, et le **LÉVIATHAN**, qui évoquait le chaos primitif, figure les éléments naturels.

## LE PHÉNIX

Le Phénix, oiseau fabuleux qui renaît toujours de ses cendres, est le symbole de résurrection le plus répandu dans le monde. Sa légende trouve son origine à Héliopolis, ancienne ville égyptienne où l'on vénérait le dieu du Soleil, Râ, dont le héron Bennou (nom du Phénix en Égypte) serait une incarnation. Les mythes diffèrent sur quelques points de détail – la couleur du plumage, par exemple –, mais ils relatent tous à peu près la même histoire. Le Phénix, unique oiseau de son espèce, était un animal fabuleux, doté d'une longévité miraculeuse (cinq cents ans ou plus, d'après certains auteurs), qui avait le pouvoir de renaître de ses cendres. Quand l'heure de sa fin approchait, il se construisait un nid d'herbes aromatiques, puis s'exposait aux rayons du soleil et se laissait réduire en cendres. Trois jours plus tard, il renaissait.

Alors qu'il ne représentait, au début, que l'apparition et la disparition cycliques du soleil, le Phénix devint rapidement un symbole de résurrection ; il incarne l'âme ou l'immortalité dans les différentes iconographies. Les créatures ailées figurées au-dessus d'un bûcher funéraire ou s'échappant du corps d'un défunt ne sont pas toutes, pour autant, un phénix. Il peut s'agir d'un autre oiseau, un aigle, par exemple, qui symbolise parfois l'âme des empereurs.

Symbole de renaissance, le Phénix peut aussi signifier l'invincibilité, en particulier sur les pièces de monnaie. Dans l'iconographie médiévale, il désignait la résurrection du Christ et quelquefois sa nature divine (par opposition à sa nature humaine, incarnée par un pélican). Dans la tradition alchimique, un phénix rouge, symbolisant le feu purificateur et régénérateur, apparaît lors de la fusion du soufre et du mercure, qui va produire la pierre philosophale.

*Dans la tradition chinoise, l'oiseau légendaire Feng-Huang (ci-contre), qui symbolise le bonheur conjugal, est l'équivalent du Phénix, oiseau fabuleux renaissant toujours de ses cendres ; il est issu de l'union des forces solaire et lunaire.*

# *Bœufs et taureaux*

*Pour les Indiens d'Amérique du Nord, le buffle avait une importance tout à fait comparable à celle du taureau. Ci-contre : un masque cherokee en bois.*

Dans l'Antiquité, les sacrifices d'animaux pratiqués pour se concilier les faveurs des divinités étaient très fréquents. Comme l'offrande devait être de grande valeur, le **BŒUF**, animal de trait exceptionnel, fut en de nombreux endroits, avec le taureau, l'animal le plus immolé – on le sacrifiait, en particulier, lors des rites agraires. Le mot « hécatombe » signifie d'ailleurs, étymologiquement, « [sacrifice de] cent bœufs ». Symbole universel de bonté, de patience, de soumission et de puissance de travail, le bœuf représente dans le monde chrétien l'esprit de sacrifice et le dévouement : il figure aux côtés de l'âne dans l'étable de Bethléem. Précieux auxiliaire de l'homme, il aide à l'accomplissement d'une tâche qui est toujours présentée comme importante : il tire un soc ou encore un char, dans lequel se trouve une personne ou un objet sacrés. En ce sens, il participe du divin. Il figure d'ailleurs parmi les attributs de certains saints (saint Cornélien ou saint Léonard).

Le bœuf peut également servir de monture. Pour les taoïstes et les bouddhistes, il représente la partie animale de l'être humain, et symbolise en Chine la sagesse et la contemplation. Chez les Grecs, le bœuf était un animal sacré. L'*Odyssée* raconte comment les compagnons d'Ulysse périrent en mer pour avoir osé toucher aux bœufs blancs d'Hélios, le dieu du Soleil. Seul Ulysse, qui avait respecté l'interdit, en réchappa.

La grande valeur du **BUFFLE**, en Inde et dans l'Asie du Sud-Est, en a également fait un animal sacré. Il est l'emblème de Yama, le dieu hindou de la Mort, que l'on représente avec un mufle et des cornes de buffle, en train de chevaucher un buffle noir. Au Tibet aussi, la Mort est figurée par une tête de buffle. Proche du bœuf, le buffle au caractère paisible évoque, pour les Chinois, la vie contemplative.

Bovidé sauvage, le **BISON** constituait la principale ressource alimentaire des Indiens d'Amérique du Nord, qui en ont fait un symbole d'abondance et de prospérité.

*Le bœuf est, avec l'âne, l'animal le plus représenté dans les Nativités. Il figure parfois à l'arrière-plan des tableaux représentant un baptême.*

## LE TAUREAU, DIVINITÉ OU ENNEMI

Le taureau, l'un des principaux animaux sacrés, est riche de significations symboliques, souvent contradictoires. Tour à tour, il incarne, dans les mythes comme dans l'iconographie, la Lune ou le Soleil, la Terre ou le Ciel, la pluie ou la sécheresse, la maternité ou la virilité, le matriarcat ou le patriarcat, la mort ou la résurrection. En tant que symbole de mort et de résurrection, il jouait un rôle capital dans le mithracisme – un culte d'origine iranienne, prézoroastrien, qui s'est répandu dans une grande partie de l'Empire romain avant le christianisme –, où chaque taureau sacrifié était un rappel du taureau primordial que Mithra égorgea et qui donna naissance, en mourant, aux premiers végétaux et animaux. En Anatolie, le culte de Cybèle comprenait le rite du taurobole, au cours duquel on égorgeait un taureau au-dessus d'une fosse recouverte d'une grille : l'initié qui se trouvait dessous se laissait asperger par le sang de l'animal, réputé purificateur et régénérateur. On retrouve un symbolisme similaire dans de nombreux mythes indo-iraniens encore plus anciens.

Le taureau était également vénéré par les Phéniciens sous le nom d'El, dieu créateur et protecteur de l'humanité. En Égypte, le taureau Apis incarnait un autre dieu créateur du monde, Ptah.

*Selon la légende, c'est du sang et de la semence du taureau égorgé par Mithra que naquirent les plantes et les animaux.*

Les caractéristiques physiques du taureau expliquent en grande partie son symbolisme. La forme de ses cornes évoque un croissant de lune, et ses quatre sabots massifs en font, dans la tradition védique, le support idéal du monde. Dans les cultures archaïques, ses beuglements et piétinements étaient assimilés au tonnerre et au tremblement de terre.

C'est un taureau qu'Hercule dut capturer vivant pour son septième travail, et un monstre mi-taureau mi-humain, le Minotaure, que Thésée dut tuer dans le labyrinthe construit par Dédale. Le taureau, l'un des animaux domestiques les plus dangereux, est en effet un adversaire à la taille des plus grands héros. La corrida est peut-être une survivance des antiques jeux crétois au cours desquels des gymnastes exécutaient des sauts et des danses devant l'animal : défi lancé à la mort ? Affirmation de sa virilité ? Ou, comme l'affirme Carl Jung dans une vision moralisatrice, tentative de maîtriser ses pulsions animales ?

La virilité du taureau est très souvent évoquée dans les différentes mythologies. C'est ainsi que, pour séduire Europe, Zeus se métamorphosa en taureau blanc. En Égypte, les femmes stériles se dénudaient devant des images du taureau Apis… Mais il semblerait que le symbolisme de la mort soit beaucoup plus répandu : très présent en Égypte, il existe aussi dans tout le nord de l'Asie, où un taureau noir évoque la mort.

# *Chevaux et cerfs*

Symbole universel de vitalité, de rapidité et d'élégance, le **CHEVAL** évoque aussi la majesté et la supériorité militaire – d'où le grand nombre de statues équestres figurant la victoire. Il représente souvent les éléments déchaînés : l'Air (le vent, la tempête) ou le Feu, mais il est également associé à l'Eau (c'est Pégase, le cheval ailé, qui fait jaillir d'un simple coup de sabot la source Hippocrène, réputée favoriser l'inspiration poétique).

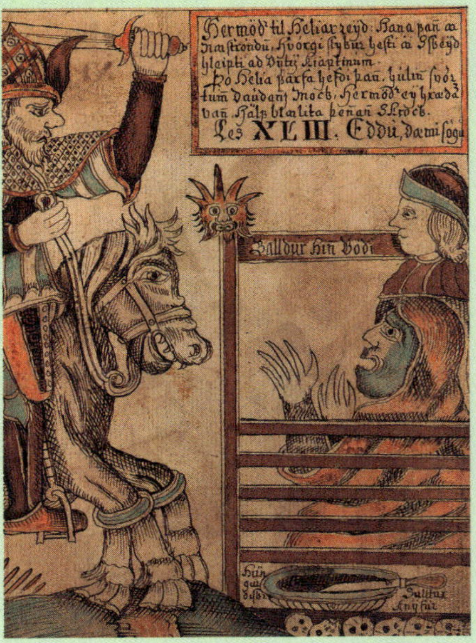

*Sleipnir, la jument d'Odin, le dieu scandinave, est représentée avec huit jambes qui évoquent la force et la vitesse du vent.*

Selon une croyance très répandue, le cheval serait sorti des entrailles de la terre ou du fond de la mer. On lui prête donc une connaissance des mystères de l'autre monde, et en particulier ceux ayant trait à la germination. Cependant, l'usage ancien de sacrifier un cheval tous les 15 octobre en l'honneur de Mars, protecteur des cultures, et de conserver soigneusement la queue de l'animal jusqu'au printemps suivant, en gage de fertilité, aurait une tout autre origine : sa vitesse lui permettant de traverser sans encombre de grandes étendues (l'hiver), le cheval fait alors le lien entre l'automne et le printemps ; il devient porteur de ce que Georges Dumézil appelle « l'esprit du blé », et sa queue symbolise l'espoir d'une nouvelle récolte.

Dans l'iconographie, la Mort monte souvent un cheval noir. En revanche, le cheval blanc est presque invariablement un symbole de lumière, de vie ou d'illumination intérieure. C'est également un emblème de Bouddha (dont on dit qu'il quitta ce monde sur un cheval blanc), de Kalkin (l'ultime avatar de Vishnou, restant à venir). C'est aussi sur un cheval blanc que doit réapparaître Mahomet, le prophète de l'islam.

Le **CERF** est un symbole universel de bienveillance, associé à l'aube, à la lumière, à la pureté, à la régénération, à la créativité et à la spiritualité. Dans la mythologie des pays nordiques, ce sont des rennes qui tirent le traîneau de saint Nicolas, un évêque du IVe siècle que sa générosité a rendu très populaire. Le cerf, dont les bois se renouvellent périodiquement, évoque dans de nombreuses cultures, notamment pour les Indiens d'Amérique,

*Le très ancien dieu celte Kernunnos, souvent représenté assis en tailleur, porte des bois de cerf symbolisant le renouveau, la fécondité et la prospérité.*

l'Arbre de vie, que l'on représentait parfois poussant sur la tête même de l'animal. Image archaïque de renouveau, le cerf incarne la fécondité et la longévité. Il est également associé à la virilité, et les Chinois, qui en ont fait un symbole de prospérité et de bonheur, lui attribuent des vertus aphrodisiaques. Les bois sont d'ailleurs fréquemment dotés de puissants pouvoirs magiques. Les Gaulois s'en servaient pour fabriquer des talismans, et les chamans en ornaient leur coiffure pour favoriser leur accès à l'autre monde.

*La licorne, que seule une jeune fille pouvait approcher, symbolise la pureté et le pouvoir de la chasteté.*

**L'ANTILOPE**, considérée comme la monture préférée des dieux dans les traditions africaine et indienne, est un symbole presque universel de grâce pure et de vitesse. Enfin, la **LICORNE**, animal fabuleux pourvu d'une corne unique, représente la pureté et la chasteté féminines unies à la spiritualité masculine. Elle est une des constantes de l'amour courtois.

## L'ÂNE MÉCONNU

Bien que l'on n'ait retenu de l'âne que son entêtement et sa prétendue bêtise, cet animal fut autrefois investi de bien d'autres qualités, parfois très valorisantes. Par exemple, c'est sur un âne que le Christ entre dans Jérusalem, à la fois pour accomplir la prophétie et exhorter à rester humble. L'âne est donc, pour les chrétiens, un modèle d'humilité, de patience et de pauvreté. En Chine, les Immortels sont parfois représentés montant des ânes blancs. En revanche, dans la mythologie égyptienne et indienne, les ânes sont associés à des divinités funestes, et, dans la mythologie grecque, ils incarnent la lubricité ou l'ignorance. C'est dans cette dernière acception qu'il faut comprendre l'expression « oreilles d'âne », dont l'histoire nous est contée par Ovide : le roi Midas ayant osé préférer la flûte de Pan à la lyre d'Apollon, ce dernier, furieux, lui fit pousser des oreilles d'âne.

*Dans le* Songe d'une nuit d'été, *de Shakespeare, Titania tombe amoureuse de Bottom, qui porte un masque d'âne.*

# Serpents

*Dans l'iconographie grecque, le serpent cosmique est souvent représenté par un serpent enserrant un œuf dans ses anneaux.*

Le **SERPENT** est probablement l'un des animaux les plus chargés de significations symboliques, parfois difficiles à comprendre. Les associations à caractère sexuel semblent avoir été prépondérantes dans les sociétés primitives, mais la relation établie entre le serpent et les fonctions de reproduction (le serpent, qui conjugue principe féminin et principe masculin, est fréquemment associé au phallus, au cordon ombilical, voire à la moiteur de l'utérus) ne suffit pas à expliquer son importance dans les différentes mythologies qui en font le premier ancêtre mythique ou la force vitale à l'origine de toutes choses.

Dans la cosmogonie mésopotamienne, la Grande Déesse, de qui sont issues toutes les divinités, est un serpent marin, Tiamat, qui symbolise la matière primitive inorganisée. Dans la mythologie hindoue, Vishnou, le dieu créateur, se repose à la fin de chaque monde sur un serpent flottant sur l'océan, Ananta (ou Vasuki), dont les anneaux enserrent la base de la colonne formant l'Axe du monde (le pilier soutenant la voûte céleste) ou s'enroulent autour du mont Meru (autre symbole de l'Axe du monde). C'est encore un serpent, Vritra, qui représente le chaos dans la tradition védique. Le monstre marin qui, dans la Bible, « fait bouillonner le gouffre comme une chaudière » (Job 41 : 23) et personnifie le désordre et le Mal, le **LÉVIATHAN**, est également un reptile : « Léviathan, le serpent fuyard, Léviathan, le serpent tortueux » (Isaïe 27 : 1).

Matière primordiale, chaos, désordre... le serpent est aussi ténèbres lorsque, sous le

## SERPENTARIUS, LE GUÉRISSEUR

Paradoxalement, le serpent destructeur, image de la mort et du chaos, est aussi doté de vertus thérapeutiques. Carl Jung, par exemple, a vu dans l'attribut de Mercure – le caducée – un emblème du principe homéopathique : une allusion probable au passage biblique (Nombres 21 : 9) où il est dit que Dieu enjoignit Moïse de confectionner un serpent d'airain, car « quiconque aura été mordu et le regardera restera en vie ». Le même serpent d'airain servit à représenter le Christ sur la croix, comme un symbole de régénération de l'humanité. Dans la mythologie grecque, le dieu de la Médecine, Asclépios (Escalupe dans le panthéon romain) était doté de divers attributs, dont l'un était le serpent.

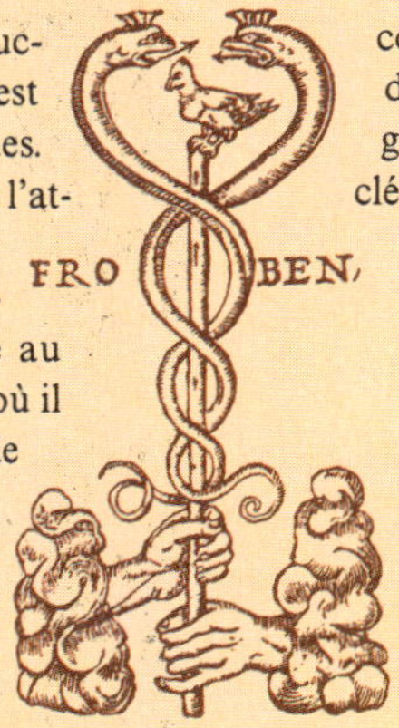


*Le caducée, baguette entourée de serpents, est l'emblème du commerce. Pourvu d'un serpent, il représente les professions médicales et paramédicales.*

*Ce serpent évoque probablement la fécondité (peinture rupestre, Scandinavie).*

Pour les alchimistes également, Ouroboros, le serpent qui se mord la queue, est relié au principe causal : par sa forme circulaire, il évoque non seulement l'éternité (sans commencement ni fin), mais aussi un système autosuffisant, analogue à l'autarcie que l'on prête aux divinités.

En Égypte et en Inde, le **COBRA** est considéré comme l'un des serpents les plus dangereux. Enroulé autour de la couronne des pharaons, l'uræus, cobra royal ou naja redoutable toujours prêt à cracher son venin, protégeait les souverains.

Le serpent évoque généralement la terre, l'eau, les ténèbres ou le monde souterrain. Il est relié aux sciences occultes. Venimeux, déplaisant au toucher, énigmatique, silencieux quand il rampe, capable de se déplacer très vite et d'avaler des proies plus grosses que lui, il provoque une réaction de panique ou un dégoût profond. Même sa mue paraît inquiétante. Les mouvements de son corps évoquent des formes terrestres (ondulations des vagues, plissements de terrain, courbes des rivières...) ou célestes (arc-en-ciel, éclair...).

nom d'Apophis, il s'oppose à la remontée de Râ, le dieu du Soleil égyptien. Mais l'astre du jour triomphe toujours, grâce à l'appui d'un autre serpent, bienveillant cette fois. On retrouve cette idée d'un serpent avalant le Soleil pendant la nuit et le recrachant à l'aube dans plusieurs traditions. L'existence d'un serpent avaleur est d'ailleurs souvent invoquée pour expliquer les éclipses.

La dualité du serpent, à la fois destructeur et créateur (ou protecteur), apparaît ainsi dans de nombreux mythes, où il représente tout ensemble la vie et la mort (ou le chaos). Le serpent à plumes des Aztèques, Quetzalcoatl, en est un exemple : oiseau-serpent, il associe les caractéristiques des êtres célestes à celles des créatures terrestres, et c'est sa partie oiseau qui tue sa partie serpent pour que le sang versé donne naissance à la vie. Ce sang tombant du ciel est une évocation de la pluie qui permet au maïs de pousser.

*L'uræus, cobra ou naja, posé sur la coiffure royale, protégeait le pharaon contre toute attaque.*

# *Reptiles et monstres*

Les reptiles (serpents, lézards, crocodiles...) inspirent généralement des sentiments contradictoires, où se mêlent la peur, la répulsion et une crainte respectueuse. Bien souvent agrémentés d'ailes et de griffes imaginaires, ils incarnent dans la plupart des cosmogonies les forces du Mal ou le chaos primordial. La mythologie grecque est exemplaire à cet égard. Le personnage de **CERBÈRE**, le redoutable gardien des Enfers grecs, est bien connu : chien à la queue de dragon et au dos tout hérissé de serpents, il dévore sans pitié ceux qui tentent de s'échapper du royaume d'Hadès ou qui veulent en forcer l'entrée. D'après certains auteurs, il symboliserait non seulement la peur de la mort, mais aussi les souffrances intérieures. Orphée, venu chercher Eurydice, ne réussit à passer que parce que ce musicien accompli sait parfaitement charmer le monstre avec sa lyre. Énée doit l'endormir avec un gâteau préparé par la Sibylle. Hercule ne parvient à le maîtriser et à l'enlever que parce qu'il est doté d'une force peu commune. Quelle que soit sa nature exacte, le Mal qu'incarne Cerbère ne peut être vaincu qu'à l'aide de mesures exceptionnelles. L'origine reptilienne de Cerbère (c'est un enfant d'Échidna, monstre mi-femme, mi-serpent) apparaît clairement dans le caractère venimeux de sa bave.

*Garuda, créature mi-homme, mi-aigle à l'aspect terrifiant, est chargé dans l'hindouisme et le bouddhisme de détruire les serpents (symboles du Mal).*

La **CHIMÈRE**, souvent représentée sous la forme d'une chèvre à tête de lion et à queue de dragon, est également issue d'Échidna. Elle figure à l'origine les dangers auxquels on est constamment exposé, et désigne aujourd'hui les productions morbides ou vaines de l'esprit (fantasmes).

L'**HYDRE DE LERNE**, redoutable monstre marin dont les sept ou neuf têtes (mille dans certaines versions) repoussent dès qu'on les coupe, est aussi un enfant d'Échidna. Certains commentateurs chrétiens y voient une représentation des sept péchés capitaux (mais on peut également interpréter la repousse des têtes comme une évocation des mues). Le sang du reptile est

*Les pommes d'or du jardin des Hespérides, qui confèrent l'immortalité, sont gardées par Ladon, un dragon à cent têtes, figuré ici par un serpent.*

un poison et symbolise les vices et la corruption.

Moins impressionnant mais tout aussi redoutable, le **BASILIC** est un coq à queue de dragon, au regard venimeux : il tue tout ce qu'il voit, et le seul moyen de le neutraliser consiste à lui renvoyer son regard au moyen d'un miroir. Souvent associé à la luxure, il représente aussi les dangers imprévisibles ou inconnus qu'il faut être prêt à affronter.

*La Chimère est parfois représentée avec une queue de serpent qui révèle sa nature diabolique.*

On retrouve la même idée de regard meurtrier avec la Gorgone **MÉDUSE**. Est-ce une autre représentation des multiples dangers que recèle l'inconnu ? En tout cas, on notera la composante reptilienne de cette effroyable créature, dont la chevelure grouille de serpents.

## LE CROCODILE

Le crocodile est probablement le symbole de voracité le plus répandu. En Égypte, il est associé à Amam, l'instrument de la justice divine : cette créature réunissant une tête de crocodile, un corps de lion et un arrière-train d'hippopotame, connue aussi sous le nom de Dévorante ou de Mangeuse, assiste à la pesée des âmes et engloutit celles que le Tribunal a condamnées. C'est sous la forme d'un crocodile que Seth, le dieu égyptien des Ténèbres, de la Sécheresse et du Mal, tue son frère Osiris, le dieu de la Végétation. Dans la tradition amérindienne, le crocodile, ou alligator, est réputé avaler le soleil couchant. On retrouve la même hantise d'engloutissement au Libéria, où les cicatrices de circoncision sont parfois attribuées aux dents du crocodile.

Suscitant bien souvent la peur et l'hostilité, le crocodile était toutefois adoré dans certaines régions, comme en Haute-Égypte, où il incarnait le dieu de la Fertilité, Sobek. A en croire la légende, le Nil proviendrait de sa sueur. Des temples lui ont été dédiés, et une ville portait même son nom : Crocodolipolis. Considérés comme des animaux sacrés, les crocodiles y jouissaient d'un statut particulier : on les apprivoisait, on les couvrait de bijoux, et on les embaumait même après leur mort. Les Égyptiens vénéraient encore Toeris, mélange d'hippopotame et de crocodile, qui présidait aux grossesses et aux naissances. En Chine, on reconnaît également au crocodile de multiples qualités, essentiellement liées à l'eau et à la terre, qui constituent son habitat.

*Le crocodile éveille très souvent des hantises de castration (récipient en ivoire du XVIe siècle, Sierra Leone).*

# *Dragons*

Les **DRAGONS** ressemblent tant aux dinosaures qu'il est tentant de voir dans ces projections de l'inconscient une représentation des créatures qui peuplaient la terre il y a 70 millions d'années, bien avant l'apparition de l'homme. Mais, pour être imaginaire, le dragon n'en est pas moins terrifiant, et il incarne généralement en Occident les forces du Mal. En revanche, en Orient, le dragon est investi de valeurs positives qu'il n'est pas toujours très facile d'interpréter, étant donné le grand nombre de paramètres entrant en ligne de compte. Le dragon de l'Antiquité, tel qu'il ressort des mythes et des légendes, a pour principale fonction de garder des trésors (personnes ou choses) ou bien de surveiller des territoires. C'est, en Colchide, un dragon qui garde la précieuse Toison d'or convoitée par les Argonautes. Jason ne peut dérober celle-ci qu'en endormant le monstre au moyen d'un philtre préparé par Médée l'enchanteresse. C'est encore un dragon, Ladon, qui garde les pommes d'or du jardin des Hespérides, gages d'immortalité. Les contes où il est question de princesses prisonnières de redoutables dragons sont innombrables.

Peu à peu, sous l'influence du christianisme, le dragon est identifié aux forces destructrices qu'il met en œuvre pour accomplir sa mission. Il devient l'incarnation du Mal, que seuls des héros (les chevaliers) ou des saints (saint Georges) peuvent terrasser. On représente le dragon crachant le feu (les flammes de l'Enfer), doté de cornes, de pattes d'aigle, d'ailes de chauve-souris, d'une queue de dragon, le corps tout recouvert d'écailles... Image terrifiante que certains peuples vont prendre pour emblème : celui du pays de Galles est, aujourd'hui encore, un dragon rouge.

*Dragon ornant une table de la période Ming, figurant les forces du mal déchaînées.*

En Asie – en Chine notamment –, le dragon est associé au tonnerre et à la pluie, qu'il passe pour déclencher. Pour les fêtes du Nouvel An, les Chinois fabriquent des dragons de papier qu'ils promènent dans toute la ville en faisant un vacarme épouvantable, qui évoque le bruit du tonnerre – lequel est souvent figuré dans l'art décoratif par une balle que se disputent deux dragons. Représentant à la fois l'autorité (la foudre) et la prospérité (la pluie), c'était tout naturellement un dragon, le dragon à cinq griffes de couleur bleu-vert, qui incarnait l'empereur depuis la dynastie des Han (206 av. J.-C.-220 ap. J.-C.). Emblème du souverain, cette créature de type yang était le symbole de l'Orient, du soleil levant, de la fertilité, du bonheur, des connaissances occultes et de l'immortalité. Un dragon à quatre griffes figurait un prince, et un dragon à trois griffes évoquait un fonctionnaire. Au Japon et en Indonésie, le symbolisme du dragon était identique.

*Saint Georges terrassant le dragon représente souvent, dans l'iconographie chrétienne, la victoire du Bien sur le Mal, de la foi sur l'incrédulité, de l'esprit sur l'immortalité. La Vierge Marie est aussi, quelquefois, figurée foulant un dragon aux pieds.*

# *Éléphants, singes, ours et sangliers*

L'**ÉLÉPHANT** est un ancien symbole de souveraineté et de force, très répandu en Chine, en Afrique et sur tout le continent indien, où il était la monture des rois et celle d'Indra – le dieu de l'Orage et de la Pluie. Par extension, l'éléphant a fini par représenter non seulement les qualités du roi idéal – la majesté, l'intelligence, la prudence –, mais aussi les bienfaits résultant d'un bon gouvernement : la paix et la prospérité. L'éléphant blanc, associé à la naissance de Bouddha, est particulièrement vénéré des bouddhistes. Figuré seul, il incarne la sagesse et la patience du Bouddha. En Birmanie, en Thaïlande et au Cambodge, on l'invoque pour obtenir la pluie et de bonnes récoltes. Dans l'hindouisme aussi, l'éléphant est un symbole d'intelligence, puisque le dieu de la Littérature et de la Science, Ganesha, est représenté par un homme à tête d'éléphant.

En Occident, la croyance médiévale que le mâle n'approche pas sa femelle lorsque celle-ci est en période de gestation (deux ans), a fait de l'éléphant un symbole de chasteté, d'amour et de fidélité.

La réputation de grande maladresse de l'éléphant n'est pas récente ; à en croire une légende hindoue, elle remonterait au commencement du monde, quand les éléphants étaient encore ailés : un jour, l'un d'entre eux se posa sur un arbre et fit tomber une branche sur un ermite qui se trouvait dessous ; redoutant d'autres catastrophes, Brahma leur retira leurs ailes, et, depuis, les éléphants ne volent plus.

*Ganesha, le dieu indien de la Science et de la Littérature, est représenté avec une tête d'éléphant et quatre bras.*

En raison de sa blancheur, l'**IVOIRE** représente, dans l'iconographie chrétienne, la pureté mariale. Sa grande dureté en fait également un signe d'intégrité.

Le **SINGE** est un animal très controversé. En Occident, il symbolise la luxure, le mensonge et la méchanceté. Dans l'iconographie chrétienne, il est fréquemment représenté en train de se contempler dans un miroir – symbole de la vanité. Ses talents d'imitateur inspirent souvent les caricaturistes désireux de railler les puissants de ce monde.

En Orient, en revanche, le singe était un animal très respecté et même vénéré. En Égypte, Thot, le dieu de l'Écriture et des Sciences, l'inventeur de la géométrie, de l'astronomie et de la médecine, était parfois représenté sous la forme d'un homme à tête de babouin, animal considéré comme très intelligent. Le caractère belliqueux du singe impressionna tellement les Égyptiens de l'Antiquité que son hiéroglyphe servit à évoquer la colère. En Inde, le roi Hanuman, particulièrement vénéré pour son dévouement et sa fidélité envers le prince Rama, était un singe. De leur côté, les Tibétains

*Ces casques vikings surmontés d'un sanglier plaçaient les combattants sous la protection du dieu Frey.*

ont fait du singe, qu'ils reconnaissent comme leur ancêtre, un bodhisattva.

Pour les premiers peuples indo-européens, le **SANGLIER** incarnait le courage, la combativité et la force. Peut-être parce qu'il se nourrit de glands, fruits d'un arbre sacré – le chêne, associé au druide –, le sanglier était considéré comme un animal sacré et figurait l'autorité spirituelle. On plaçait des morceaux de sa chair, nourriture sacrificielle, dans la tombe des guerriers tombés au champ d'honneur, pour qu'elle leur donne la force d'affronter l'au-delà. La vénération dont cet animal faisait l'objet était telle que l'on a même retrouvé des sangliers votifs en Espagne. Au Japon, le sanglier était l'emblème du courage, et il servait parfois de monture au dieu de la Guerre, Usa-Hachiman. Le sanglier blanc était tabou. En Inde aussi, le sanglier est sacré. Il correspond à Varaha, l'avatar sous lequel Vishnou délivra la Terre. En revanche, la tradition chrétienne y voit un symbole de destruction et de luxure.

*Hanuman, le roi-singe hindou, incarnait savoir et loyauté.*

**L'OURS**

Symbole des forces primordiales, l'ours incarnait le dieu Odin en Scandinavie, où des guerriers réputés pour leur férocité combattaient revêtus de peaux d'ours. Il était associé à un grand nombre de divinités guerrières – la déesse grecque Artémis, connue pour sa cruauté ; Thor, le dieu germanique du Ciel et du Tonnerre ; la déesse Artio, dont une statuette conservée à Berne laisse penser qu'elle était une alliée des ours. En Chine, ce plantigrade symbolise la vaillance et représente le principe masculin (montagne, yang), opposé au serpent figurant le principe féminin (eau, yin). En Sibérie et au Canada (Algonquins), il était considéré comme l'ancêtre primordial, et, dans certaines tribus, les chamans portaient des masques d'ours pour communiquer avec les esprits de la forêt. Le phénomène d'hibernation explique que l'ours ait été considéré comme un animal lunaire (notion de cycle) en Alaska et associé au concept de résurrection dans la tradition chrétienne. Pourtant, dans l'iconographie chrétienne et musulmane, l'ours est représenté comme un animal cruel, lubrique et rancunier. Il peut aussi figurer la gloutonnerie.

*Pour les peuples amérindiens, l'ours incarnait les éléments déchaînés.*

# *Félins*

Le **LION** est l'image même du soleil, de par l'éclat de sa crinière dorée et son port majestueux. Il peut être à la fois bienveillant ou malveillant, et représente aussi bien la force créatrice que les éléments déchaînés.

En Égypte, il figurait le pharaon. Un papyrus conservé au British Museum de Londres représente le souverain sous l'aspect d'un lion assis jouant aux échecs avec un animal ressemblant fort à une licorne. La sérénité et la force tranquille qui se dégagent de lui contrastent fort avec la rage mal contenue de la déesse Sekhmet, qui incarne, sous la forme d'une lionne, la chaleur dévastatrice de l'astre solaire. En raison de ses liens avec le soleil, qui disparaît chaque soir pour réapparaître à l'aube, le lion symbolisait aussi la mort et la résurrection : son effigie, qui ornait fréquemment les tombes, était une promesse de vie éternelle. Animal psychopompe (capable de conduire les âmes des morts), il était souvent représenté portant sur son dos des sarcophages. En revanche, les pattes de lion qui décoraient le trône des pharaons avaient une fonction protectrice. Et les têtes de lion qui formaient les becs de robinet évoquaient le Nil, dont les crues sont maximales en août.

Dans la mythologie grecque, le combat contre le lion de Némée, créature quasiment invincible, constitue la première tâche du héros Hercule : ses flèches ne parvenant pas à transpercer le cuir du monstre, Hercule dut l'étrangler de ses mains. Dans la Bible, c'est par la prière que Daniel triomphe du lion.

*Ce bodhisattva assis sur un lion représente le Bouddha (bronze tibétain).*

En Occident, le lion symbolise généralement la souveraineté, la victoire militaire, la bravoure et la force d'âme. Sur les trônes, il figure la justice royale, et, sur les portails des églises, la justice ecclésiastique. En Chine, il est considéré comme un animal protecteur, de même qu'au Japon.

Le **TIGRE** représente, en Asie, les éléments déchaînés, les ouragans ou les tempêtes. Il est synonyme de destruction et de férocité, et ne peut être monté que par de puissants guerriers, ou des divinités comme la déesse hindoue Shakti, l'énergie créatrice. En Chine, il incarne parfois la monture des Immortels, et il est considéré comme un animal protecteur : ce sont des tigres qui gardent les quatre points

*Dans les traditions égyptienne et chrétienne, le léopard était le diable. Sa peau, portée par les chamans, attestait leur pouvoir sur les forces du Mal.*

cardinaux. Son effigie sur les portes des maisons protège les habitants des démons.

Le **JAGUAR** a joué un rôle important dans les mythologies amérindiennes. Chez les Mayas, il représentait une terrifiante divinité chtonienne qui dévorait chaque soir le soleil. Mais c'était aussi un animal protecteur. D'après une ancienne croyance, chaque village était gardé par quatre jaguars. Le jaguar incarnait également les entités surnaturelles, et les chamans revêtaient sa peau pour communiquer plus facilement avec les esprits. Chez les Aztèques, le dieu de la Nuit, Tezcatlipoca, était figuré par un jaguar.

*Pour les Aztèques, le jaguar à la peau tachetée évoquant la voûte céleste était l'incarnation terrifiante du dieu de la Nuit, Tezcatlipoca, patron des sorciers et des brigands, capable de prédire l'avenir grâce à son miroir magique.*

## LE CHAT

La petite taille du chat ne diminue en rien son pouvoir d'évocation. Il incarne à la fois la beauté sensuelle, l'agilité, la grâce, l'intuition, le don de voyance et la cruauté. Il est parfois perçu comme un animal bénéfique, ou au contraire comme une créature satanique.

En Égypte, où l'on vénérait une déesse à tête de chat, Bastet, les chats étaient sacrés. Bastet représentait une version « atténuée » de la déesse à tête de lion, Sekhmet. Associée au plaisir, à l'amour et à la joie, elle protégeait les femmes enceintes. On adorait également le chat Mau, qui tua le serpent Apophis alors que celui-ci tentait de faire chavirer la barque transportant le Soleil lors de son périple nocturne. En tant qu'ennemis d'Apophis, les chats faisaient l'objet d'un culte, et on les momifiait après leur mort. On les représentait très souvent armés d'un couteau et coupant la tête du serpent souterrain. Dans les pays scandinaves, le chat était l'animal sacré de Freyja, déesse de l'Amour, dont le char était tiré par des félins blancs.

Cependant, les promenades nocturnes du chat, ses griffes rétractiles et ses sautes d'humeur suscitent bien souvent la méfiance – surtout s'il s'agit d'un chat noir. Les Celtes y voyaient une créature du Malin, et les musulmans le considèrent comme l'incarnation d'un djinn. Au Japon aussi, le chat est perçu comme un être malfaisant ou de mauvais augure. Dans la tradition bouddhique, c'est le seul animal, avec le serpent, à n'avoir pas pleuré la mort du Bouddha. Mais c'est en Europe que le chat a la plus mauvaise réputation. Le Moyen Age, en particulier, en a fait une créature satanique, le compagnon des sorcières. Incarnation lubrique du diable en personne, il passait pour présider au sabbat.

*Des dizaines de milliers de chats momifiés ont été retrouvés dans une nécropole animale à Saqqarah (Égypte).*

# *Animaux domestiques*

Impulsif, très belliqueux et fougueux, le **BÉLIER** représente, dans la plupart des sociétés archaïques, la puissance animale et les forces aveugles de la nature. Il est presque partout associé au soleil et au feu. En Inde, il incarne le dieu Agni, au Moyen-Orient, il symbolise Ea et Baal, en Inde, il personnifie Amon et Khnoum le potier – toutes divinités dispensatrices de vie et de richesses. Premier signe du zodiaque, le Bélier est traditionnellement relié au printemps et au renouveau ; domicilié en Mars, la planète de la guerre, il est synonyme de vitalité et de combativité.

Comparé au bélier, le **MOUTON** semble, aux yeux des Occidentaux, un animal bien docile. Pour les Chinois, il incarne un être doux et timide, à la fois susceptible et compatissant.

Bien avant de désigner Jésus Christ, l'**AGNEAU** représentait déjà l'animal que l'on sacrifie pour s'assurer la faveur des dieux ou pour apaiser leur courroux. A l'occasion de la Pâque juive, c'était un agneau que l'on égorgeait. Le Christ, lui, sera l'agneau de Dieu, « celui qui enlève le péché du monde » (Jean 1 : 29). La même notion de victime expiatoire se retrouve

## LA DIABOLISATION DU BOUC

La sexualité est au cœur du symbolisme du bouc. Animal lubrique et puant pour certains, il est le dieu de la Procréation pour d'autres. Le bouc a suscité bien des controverses. Dans la mythologie grecque, il est le dieu Pan, au torse velu et aux pieds fourchus, qui poursuit les nymphes de ses assiduités et n'hésite pas à recourir à la violence pour parvenir à ses fins ; il est aussi Dionysos, le dieu du Vin et de l'Extase, dont le culte donnait lieu à diverses réjouissances, au cours desquelles les participants affublés de masques et de peaux de bouc exécutaient des danses obscènes. Dans la tradition védique, ce caprin est un symbole de feu et de lumière qui représente la force vitale, et, il sert de monture au dieu Agni. En Égypte, il incarne Ba-ned-Debet, dieu de la Fertilité et de la Procréation, dont le culte aurait comporté diverses pratiques sexuelles particulièrement révoltantes, à en croire les récits qu'en fait Hérodote, mais dont on ne sait en fin de compte que peu de choses. Dans la tradition judéo-chrétienne, le bouc a toujours été considéré comme un animal totalement impur, porteur de tous les péchés d'Israël. Le Moyen Age en fera l'image de la dépravation sexuelle et l'identifiera au diable, que l'on représentera désormais sous l'aspect d'un faune. Dans l'iconographie, un bouc figure souvent aux côtés des sorcières.

*Animal mythique à tête de chèvre, le Capricorne du zodiaque confère aux natifs du signe le goût de l'étude et la patience.*

*Les cornes du bélier étaient, en Égypte, un symbole du pouvoir divin et royal.*

dans l'islam, et l'agneau joue un rôle important dans le rituel du Ramadan, pour les musulmans. De façon générale, l'agneau symbolise la victoire de la vie sur la mort, la pureté, le sacrifice, la rédemption, l'innocence, la douceur, l'humilité et la patience.

Symbole universel d'abondance et de fécondité, la **VACHE** figure le plus souvent la terre nourricière ou la mère originelle. De par la forme de ses cornes, elle est aussi reliée à la Lune. En Égypte, elle incarnait la déesse Hathor, la nourrice céleste, déesse de la Fertilité, que l'on représenta ensuite par une femme dotée de deux cornes enserrant un disque solaire. On retrouve la même idée d'une mère originelle dans la mythologie des pays nordiques, où c'est une vache nourricière, Audumla, qui fit apparaître le premier homme de la Création, en léchant trois jours durant la glace qui le retenait prisonnier.

Le **PORC** évoque des notions contradictoires : la goinfrerie, l'égoïsme, la luxure, l'entêtement et l'ignorance, mais aussi la maternité, la fécondité, la prospérité et le bonheur. Dans les sociétés primitives, les déesses-mères – telle Déméter, la déesse grecque de la Moisson – étaient souvent représentées par une truie. En Chine aussi, le porc, qui symbolise virilité et fertilité, est fort estimé. En revanche, cet animal est considéré comme impur par les musulmans et les juifs, pour qui il est l'image de la voracité et de la concupiscence.

Le **COQ**, qui figure pourtant la luxure dans l'art occidental, est plutôt associé à des valeurs positives – l'aube, le soleil, la lumière. Réputé pour faire fuir le démon, il prête sa forme aux girouettes qui coiffent les églises, ou orne les tombes. Son nom latin, *gallus*, qui signifie « gaulois », en a fait l'emblème de la Gaule. Relié au soleil, dont il annonce le lever chaque matin, c'est un animal sacré chez les Incas, ainsi qu'au Japon – en souvenir du coq qui fit sortir par son chant la déesse du Soleil, Amateratsu, de la caverne primordiale. Les Chinois lui reconnaissent cinq qualités : les vertus civiles et militaires, le courage, la confiance et la bonté. En Afrique, le coq représente un secret, plus ou moins bien gardé selon l'endroit où se trouve le volatile.

*Emblème de la France, le coq ne s'avoue jamais vaincu, quitte à en mourir.*

# *Chiens, chacals et loups*

Meilleur ami de l'homme, le **CHIEN** est, en Occident, un symbole de loyauté et de fidélité. Dans les différentes mythologies, il est relié au monde souterrain, qu'il garde les Enfers ou qu'il y conduise les âmes des défunts. Pour les Grecs, il est Cerbère, le redoutable chien à trois têtes, qui garde l'Hadès (l'Enfer grec) et dévore tous ceux qui tentent de s'en échapper ou d'y entrer ; chez les Germains, il s'appelle Garm et veille sur le Niflheim, le royaume des morts. Dans la mythologie aztèque, c'est un autre chien, Xolotl, qui accompagne le Soleil lors de son périple sous terre. La qualité de psychopompe (guide des âmes des morts) lui est reconnue dans plusieurs civilisations et donne lieu à de nombreuses pratiques funéraires – soit qu'on enterre le chien avec le défunt, soit qu'on place son effigie aux côtés du mort.

Dans certains pays, notamment en Afrique et au Pérou, le chien a une fonction de médiateur entre le royaume des vivants et celui des morts. En revanche, dans le monde musulman, le chien est jugé comme l'animal le plus vil qui soit. Assimilé à un charognard, il est jugé impur et l'objet de tous les mépris.

*L'histoire de saint Roch, ermite du XIVe siècle dont un chien s'occupa lorsqu'il contracta la peste, a contribué à renforcer le caractère sympathique de ce canidé dans le monde chrétien.*

Le **COYOTE** et le **CHACAL** sont d'autres nécrophages. Les Indiens de Californie rendaient le premier responsable de toutes les imperfections de la Création. Le second, que l'on voit toujours rôder à proximité des cimetières, était généralement considéré comme un présage de mort. En Égypte, le dieu des Morts et gardien des momies, Anubis, était fréquemment représenté par un homme à tête de chacal – les Égyptiens espérant protéger ainsi leurs morts des attaques de l'animal.

Le **LOUP** est à la fois un symbole de lumière et d'obscurité. Lumière, parce qu'il voit la nuit – il est nyctalope. D'ailleurs, en grec, son nom signifie « lumière » *(lukos)*. Animal sacré d'Apollon et de Mars, il est, dans la mythologie gréco-romaine, un signe de victoire. En Égypte aussi, il évoque une divinité de la Guerre, Upuaut, et figure la victoire. Symbole solaire, il est également source de vie et synonyme de fécondité. L'histoire de Romulus et Rémus, qui furent allaités par une louve, est bien connue et contribue, avec le mythe du grand ancêtre (le loup bleu dont Gengis Khan serait le descendant), à donner une image favorable du loup.

Bien différent paraît le loup des ténèbres. Dans la mythologie scandinave, il dévore le Soleil, Fenrir, et cause la mort de son père, Odin. C'est le grand méchant loup des contes et légendes (*Le Petit Chaperon rouge*) ou le loup-garou qui erre la nuit à travers les campagnes. Dans l'iconographie chrétienne, le loup apparaît comme un être rusé et malfaisant, l'incarnation même des forces diaboliques.

*Pour les Anciens, le chien était relié au monde souterrain. Ci-contre : Cerbère, le chien à trois têtes des Enfers grecs.*

# *Petits animaux*

Très discrets, apparaissant et disparaissant comme par magie, **LIÈVRES** et **LAPINS** sont fréquemment associés à la Lune, certains peuples voyant même dans les taches de ce satellite l'image d'un lagomorphe. Des créatures aussi proches de la Lune, et de surcroît très prolifiques, ne pouvaient qu'évoquer la fécondité ou l'activité sexuelle. Tout comme l'œuf, autre symbole de fécondité, le lièvre joue un rôle important dans les différents rites agraires d'Europe centrale. Pour certains Indiens d'Amérique du Nord, le lièvre est un ancêtre mythique, Menebuch, le héros civilisateur qui leur a transmis ses connaissances. Pour d'autres, il incarne Gluskap ou Manabozho, le lapin rusé et facétieux. On retrouve la même ambivalence en Chine, où un lièvre est à la fois un symbole de longévité et un animal pouvant générer un bec-de-lièvre, et chez les Aztèques, dont le calendrier comporte des années lapin, qui peuvent être fastes ou néfastes.

*Pour certains chiites, le lièvre, réincarnation d'Ali, est un animal tabou (illustration d'un ouvrage arabe du XIVe siècle).*

Autre animal nocturne et prolifique, le **RAT** représente généralement la destruction et l'avarice. Responsable de la propagation de la peste, dévastant tout sur son passage, il est perçu presque partout comme un être nuisible. Son goût pour les lieux très sombres et humides – caves, égouts, prisons, puits – en a fait un symbole du monde souterrain, et, dans la tradition chrétienne, il est réputé être un allié du diable et des sorcières. L'image du rat en Asie est bien différente. C'est ainsi que en Chine, il correspond au premier signe du Zodiaque, qui confère aux natifs l'esprit d'entreprise, le sens aigu des affaires et de l'observation. Il est donc un symbole de prospérité et de réussite. Dans le sud de la Chine, il est même considéré comme le héros civilisateur qui a fait découvrir le riz à l'humanité, et, au Japon, c'est le compagnon de Daikoku, le dieu du Bonheur et de la Richesse. Dans l'iconographie de la Renaissance, un rat blanc et un rat noir figurent le jour et la nuit rongeant le temps.

Comme le rat, la **SOURIS** est associée à des puissances maléfiques et représente en Occident la destruction ou le vol. Cependant, ses déplacements silencieux, ses mouvements à peine perceptibles et sa légèreté en ont fait un symbole de l'âme (rouge si le défunt a mené une vie exemplaire, noire dans le cas contraire).

*Cette chauve-souris représentée bouche ouverte incarne Zotzilha, le dieu maya de l'Obscurité qui cherche à dévorer le Soleil.*

Mammifère ailé à l'aspect particulièrement repoussant, la **CHAUVE-SOURIS** inspire

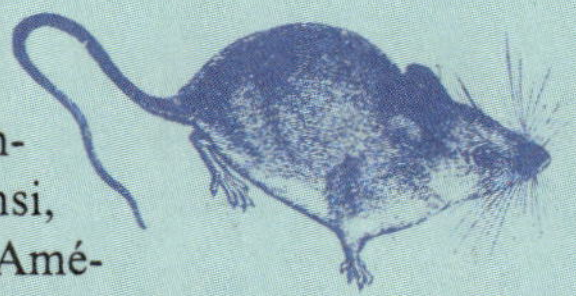

la crainte et anime les superstitions dans de nombreuses civilisations. Ainsi, elle figure un vampire en Amérique du Sud. Pour les Mayas, elle incarne Zotzilha, le dieu de l'Obscurité, qui s'efforce toujours de dévorer le Soleil. Les Mexicains, qui l'associent à la mort, la représentent d'ailleurs également avec une mâchoire grande ouverte. Parce qu'elle craint la lumière, elle est apparentée, dans l'Europe chrétienne, au diable, à qui elle prête ses ailes ; elle apparaît souvent aux côtés des sorcières. En revanche, en Extrême-Orient, la chauve-souris est un symbole de bonheur : les cinq dons du ciel – la sérénité, la santé, la longévité, la richesse et une mort naturelle – sont figurés par cinq chauves-souris réunies.

## GRENOUILLES ET CRAPAUDS

Animal aquatique capable de métamorphose, la **GRENOUILLE** symbolise l'être en cours de développement, et plus particulièrement le fœtus, notamment en Égypte, où elle incarne la déesse Heket, responsable de la viabilité de l'embryon, puis du bon déroulement de l'accouchement. En raison même de ces métamorphoses, la grenouille est aussi, en Occident, un symbole de résurrection. Quant aux Chinois, ils ont surtout retenu ses affinités avec l'eau et la considèrent comme un animal lunaire, yin, dont l'effigie est capable de faire pleuvoir. Pour les Indiens également, elle évoque essentiellement l'eau – à tel point que la Grande Grenouille représente chez eux la matière indifférenciée. Le point de vue des Japonais est beaucoup plus original puisque, constatant que ce batracien revenait toujours dans son milieu d'origine, ils en ont fait le protecteur des voyageurs.

Curieusement, le **CRAPAUD**, qui résulte pourtant d'une métamorphose semblable à celle de la grenouille, n'a pas été associé en Europe au monde des enchanteurs et des fées, mais à celui de la magie noire. Considéré comme une créature maléfique, il figure souvent dans l'iconographie chrétienne aux côtés des sorcières. En Chine, le crapaud est un animal lunaire, yin, associé à l'humidité et à la pluie, signe de chance et de prospérité. On retrouve l'idée de fertilité au Mexique et dans certains endroits d'Afrique, où le crapaud est parfois présenté comme un héros civilisateur. Pour les alchimistes, le crapaud évoque l'eau et la terre, éléments indispensables aux opérations de purification.

*Les Chinois, comme les Navajos, étaient convaincus qu'il suffisait de représenter une grenouille pour faire venir la pluie.*

# *Poissons et cétacés*

Animal très prolifique, le **POISSON** est un symbole de fécondité quasi universel, mais aussi de vie, de bonheur et parfois de sagesse. Il revêt une importance toute particulière dans le monde chrétien, peut-être parce que le signe de ralliement des premiers chrétiens était un poisson. Ce mot se dit en effet *ichthus* en grec, ce qui correspond aux initiales de *Iesous Christos Theou Huios Soter*, « Jésus-Christ, Fils de Dieu, Sauveur ». D'autre part, le chrétien est parfois comparé à un poisson, puisqu'il a reçu l'eau du baptême. Enfin, le Christ lui-même présente les apôtres (dont plusieurs étaient effectivement des pêcheurs) comme des pêcheurs d'homme (Luc 5 :11). Quoi qu'il en soit, le poisson est un motif très répandu dans l'iconographie chrétienne. Figuré seul, il peut représenter le Christ ou le baptême. S'il est sur un plat ou à côté d'une corbeille de pain, il symbolise l'Eucharistie. Un poisson portant un navire sur son dos fait allusion au Christ et à son Église, tandis que trois poissons disposés en rond ou pourvus d'une seule tête évoquent la Trinité. Le poisson symbolise encore l'espérance en Dieu, lorsqu'il est associé à une ancre en forme de croix.

*Les dauphins étaient l'attribut de Poséidon, le dieu grec de la Mer, de la Navigation et des Tempêtes (vase étrusque du VI^e siècle av. J.-C.).*

*Ces trois poissons symbolisent la sainte Trinité (vitrail du prieuré de Wrexham, Grande-Bretagne).*

Le poisson apparaît aussi comme un sauveur dans la mythologie hindoue, puisque c'est sous cette forme que Vishnou sauva du déluge le premier homme, Manu. Dans le bouddhisme, le poisson figurant parmi les symboles ésotériques marqués sur la plante du pied du Bouddha représente la libération des désirs terrestres.

De façon générale, les poissons étaient considérés comme des animaux impurs dans l'Égypte de l'Antiquité ; les rois et les prêtres ne devaient en manger sous aucun prétexte. Cet interdit alimentaire était probablement lié au fait que les **CARPES** furent mises en cause dans la disparition du pénis d'Osiris, assassiné par Seth, le dieu du Chaos qui régnait sur les poissons. En revanche, en Extrême-Orient, la carpe est de bon augure. En Chine, notamment, elle est un symbole de longévité, de virilité et de réussite scolaire. Elle incarne aussi le courage au Japon, car, lorsqu'elle se fait prendre, elle reste parfaitement immobile, comme si elle acceptait une mort inéluctable. Les effigies de carpes que l'on voit parfois en haut des mâts ou sur les toits visent à écarter la foudre.

Le **SAUMON** était, avec le sanglier, l'un des animaux les plus importants du monde celte, sans doute en raison de sa grande valeur alimentaire. Connu pour nager à contre-courant, le saumon est celui qui remonte à la source de tout, l'animal de la connaissance et de la science sacrée. Quiconque goûte à sa chair devient un sage ou un prophète, comme Finn, le héros irlandais. Un jour qu'il faisait rôtir un saumon pour son maître, un druide, Finn, se brûla un doigt et le porta à sa bouche : aussitôt, il devint omniscient. Le saumon est aussi le dernier avatar de l'Irlandais Tuan mac Carill, l'unique survivant du déluge : pour transmettre la connaissance, celui-ci dut se métamorphoser successivement en cerf, en sanglier, en oiseau, puis en saumon, forme sous laquelle il vécut cent ans avant d'être pêché et mangé par un roi et une reine, de qui il renaîtra sous sa forme humaine.

Le **DAUPHIN** et un cétacé espiègle, joueur et intelligent, qui sert de monture aux dieux, sauve les hommes de la noyade ou conduit les âmes des morts vers leur dernière résidence. C'est l'attribut de Poséidon, le dieu grec de la Mer, de la Navigation et des Tempêtes. Comme lui, il est parfois représenté à côté d'un trident ou d'une ancre, qui symbolisent la prudence. Dans l'iconographie chrétienne, un dauphin représente parfois le Christ sauveur.

## LA BALEINE

Créature gigantesque dotée d'une force colossale, la baleine incarne la nature dans ce qu'elle a de plus puissant, de plus terrifiant et de plus incontrôlable. Cependant, c'est surtout le ventre de la baleine, lieu immense et secret, symbole de régénération, qui a inspiré les plus belles histoires. Celle de Jonas est bien connue.

Refusant d'obéir à Dieu, Jonas se réfugia sur un navire, qu'une tempête mit en péril. Conscient d'avoir provoqué la colère divine, Jonas demanda qu'on le jetât à la mer. Alors qu'il s'enfonçait dans l'abîme, une baleine l'avala. Jonas demeura dans ses entrailles trois jours entiers. Il se repentit et pria Dieu, qui ordonna à la baleine de le ramener sur la terre ferme. Dans cet épisode biblique, le ventre de la baleine fait ici fonction de lieu de passage entre deux mondes ou deux états de conscience. Le Jonas qui sort de la baleine est différent de celui qui y est entré. Il s'est produit une métamorphose. Le séjour du héros dans le ventre du cétacé correspond à la mort initiatique, et sa sortie représente la seconde naissance de l'homme, la naissance spirituelle.

*Sur ce retable du XII$^{e}$ siècle, on voit la baleine recracher Jonas.*

# *Oiseaux*

Les **OISEAUX** représentent globalement des valeurs positives. Leur aptitude au vol, qui leur permet d'évoluer librement entre le ciel et la terre et les libère des contraintes physiques de la vie terrestre, en a fait de tout temps les messagers ou les auxiliaires des dieux. Dans la Rome de l'Antiquité, on interprétait leurs moindres mouvements comme un signe des dieux, et l'on tirait des présages de tout ce qui les concernait : chant, cri, direction du vol, appétit... D'une certaine façon, en pratiquant l'ornithomancie, on communiquait avec les dieux.

Intermédiaires entre la terre et le ciel, les oiseaux symbolisent aussi l'ascension spirituelle. Ils peuvent représenter l'esprit divin ou Dieu (Kurdes), les anges – auxquels ils prêtent leurs ailes – ou l'âme humaine (hindous, Yakoutes, Égyptiens). Cette notion d'âmes-oiseaux, où le défunt devient un oiseau, est très ancienne (elle remonterait à la préhistoire) et fort répandue (Asie, Europe). Elle est indissociable de celle de l'Arbre du monde, qui, dans la mythologie de l'Altaï, abrite les âmes des hommes incarnées dans des oiseaux. Et si le chaman peut communiquer avec le monde des esprits, c'est bien parce qu'il est un homme-oiseau, un homme-esprit, le seul qui puisse voler.

Les **PLUMES** elles-mêmes symbolisent les progrès spirituels. Chez les Indiens Pueblo, elles servaient à fabriquer les bâtons de prières, bouts de bois coiffés d'un bouquet de plumes qui faisaient monter les prières jusqu'au ciel. En Amérique du Nord, les plumes d'aigle ornant la coiffure des chefs les apparentaient au roi des oiseaux et représentaient l'autorité spirituelle.

L'image de la **COLOMBE** apportant un rameau d'olivier à Noé a tant de charme qu'elle est devenue un symbole de paix dans le monde entier. C'est ainsi que cet animal a acquis ses lettres de noblesse et est resté associé à l'idée d'harmonie universelle. Par la suite, la colombe a représenté le Saint-Esprit et le baptême, car, lorsque le Christ fut baptisé, « les cieux

*Le Saint-Esprit est très souvent figuré par une colombe dans les tableaux représentant l'Annonciation, un baptême ou la Trinité.*

s'ouvrirent : il [Jean-Baptiste] vit l'Esprit de Dieu descendre comme une colombe et venir sur lui » (Matthieu 3 :16). Puis, par extension, elle a symbolisé l'âme pure. Dans l'iconographie chrétienne, elle évoque aussi la chasteté. Dans l'Antiquité, la colombe était l'attribut d'Astarté, la déesse de l'Amour des Phéniciens, des Palestiniens et des Syriens, avant de devenir celui de la déesse grecque Aphrodite.

Le **FAISAN DORÉ** était, en Chine, l'emblème des hauts fonctionnaires de l'État, la beauté de son plumage évoquant le soleil, la lumière et le sens de l'organisation.

Autre oiseau associé à la lumière, la **CAILLE** est un symbole de chaleur et d'ardeur amoureuse. Dans les traditions grecque et hindoue, elle annonçait le retour du soleil au printemps et figurait le renouveau de la vie.

## LE PAON

La magnifique roue que forme le paon en déployant l'éventail de sa queue en a fait un symbole solaire dans de nombreuses régions du monde. En Asie du Sud-Est, par exemple, les danses du paon, destinées à faire venir la pluie, s'accompagnent parfois d'une mise à mort du volatile. Pour la même raison, cet oiseau solaire est associé au bouddha Amitabha, dont la tête est auréolée d'un disque lumineux, et à Sarasvati, la déesse indienne de la Poésie, de la Science et des Arts.

Comme le paon perd et renouvelle régulièrement son plumage, les premiers chrétiens virent dans cette mue un symbole de résurrection, et, dans les magnifiques ocelles or et bleu ou bronze et vert qui ornent ses plumes, une image du ciel étoilé. Ces mêmes ocelles sont à l'origine d'une autre interprétation qui fait du paon un symbole du pouvoir de transmutation. D'après certaines croyances, en effet, le venin absorbé par le paon lorsqu'il tue des serpents se transformerait, dans son corps, en pigments qui donneraient au plumage ses couleurs somptueuses.

*En Inde, de nombreuses divinités, comme Krishna représenté ci-contre, ont un paon pour monture (miniature du XVIIIe siècle).*

Dans la tradition chrétienne, le paon même s'il figure parfois dans les Nativités ou est représenté s'abreuvant à un calice, deux images de la vie éternelle, est un symbole de vanité et d'orgueil. Dans de nombreuses civilisations, et notamment en Chine, où il était l'emblème de la dynastie Ming, le paon incarne la dignité.

# *Rapaces et corbeaux*

L'**AIGLE** est assurément le roi des oiseaux, de par la majesté et la puissance de son vol, l'envergure de ses ailes et sa vue perçante. Partout, il évoque la grandeur impériale. Il est l'attribut de Jupiter, l'emblème de César et de Napoléon, la monture de Vishnou. Pour les Aztèques aussi, il est l'oiseau solaire par excellence, et c'est sur son plumage que trône le souverain. Il était considéré comme un animal psychopompe dans la Rome de l'Antiquité, et l'on gravait son effigie sur les monuments funéraires. Lorsqu'un empereur mourait, on lâchait un aigle près du bûcher pour qu'il guidât l'âme du défunt vers sa dernière demeure. Pour les mêmes raisons, l'aigle jouait un rôle très important dans les

*L'aigle qui ronge le foie de Prométhée incarne la colère divine.*

## LE FAUCON

Comme l'aigle, le **FAUCON** est un symbole solaire qui évoque, notamment pour les Égyptiens, la victoire, la force physique, la supériorité intellectuelle et l'élévation de l'esprit. Les dieux de l'Égypte antique sont d'ailleurs souvent représentés avec un corps ou une tête de faucon. C'est le cas d'Horus, le dieu du Ciel à corps d'homme et tête de faucon, dont l'œil gauche symbolise la Lune, les forces féminines et le passé, et l'œil droit le Soleil, les forces masculines et l'avenir. Le pouvoir conjugué de ses deux yeux rendait Horus omniscient, et l'« œil d'Horus », connu sous le nom d'*Oudjat*, était une amulette réputée. Râ, le dieu du Soleil, est lui aussi représenté avec un corps d'homme et une tête de faucon, mais il est en outre coiffé d'un disque solaire, autour duquel s'enroule parfois un serpent. Enfin Sokar, dieu de la Fertilité, puis dieu des Morts, est figuré par un faucon se déplaçant dans une barque dont la proue est formée par une tête d'antilope. Au Pérou aussi, le faucon est un symbole solaire : les Incas le considéraient comme leur ange gardien.

Dans les œuvres d'art, un **FAUCON ENCAPUCHONNÉ** incarne un prisonnier et signifie l'espoir de retrouver la liberté et la lumière du jour.

*Pour les Égyptiens de l'Antiquité, le faucon, symbole solaire, était le roi des oiseaux.*

pratiques chamaniques. Un mythe sibérien faisait même de l'aigle le père des chamans.

En Occident, l'aigle est très souvent comparé au Phénix, et on lui attribue le pouvoir de rajeunir. On raconte ainsi que, pour retrouver toute sa vigueur, il se plonge dans l'eau après s'être longtemps exposé au soleil. Dans de nombreuses traditions, un aigle tenant un serpent dans son bec représente la victoire du Bien sur le Mal. Dans l'iconographie chrétienne, l'aigle figure généralement l'orgueil.

Très ancien symbole de victoire, l'aigle à deux têtes était l'emblème des Turcs seldjoukides, puis celui du Saint-Empire romain germanique. Il devint par la suite le symbole de l'empire d'Autriche et celui de la Russie tsariste. L'aigle apparaît également dans les armoiries des rois de Pologne, des ducs de Bavière ou de Silésie. Enfin, le pygargue à tête blanche est l'emblème des États-Unis.

D'après certains auteurs, la figure négative du **CORBEAU** – qui évoque en Europe l'image d'un oiseau de malheur et qui symbolise dans la tradition alchimique la phase de putréfaction – serait récente, peut-être liée à une interprétation défavorable d'un passage de la Genèse (8 : 7). Autrefois, en effet, loin d'être un oiseau de mauvais augure, le corbeau était considéré comme un oiseau solaire, tant en Orient qu'en Occident. Ainsi, dans le monde celte, le corbeau représente Lug, le dieu solaire, décrit généralement comme un beau jeune homme aux multiples talents (à la fois forgeron, poète, médecin, charpentier, guerrier, devin...), qui, seulement armé d'une lance et d'une fronde, va vaincre le redoutable chef des Fomoires. Le prestige du corbeau est tel qu'il est sacré en Gaule et qu'il incarne la connaissance suprême en Irlande. Dans le monde scandinave également, il est associé à des valeurs positives, puisque les deux compagnons d'Odin, Hugin (la réflexion) et Munin (la mémoire), sont figurés par des corbeaux. Un symbolisme identique apparaît en Chine, où un corbeau à trois pattes, représentant la course du soleil – aurore, zénith, crépuscule –, est l'emblème de la dynastie Zhou. En Grèce, le corbeau est consacré à Apollon, et il a une fonction prophétique. Pour les Tlingits, peuple de la côte nord-ouest du Pacifique, le corbeau est un héros civilisateur qui a créé le Soleil et apporté la lumière. Au Congo, il apparaît encore comme un oiseau amical qui donne l'éveil en cas de danger.

*Odin, le dieu scandinave, a pour compagnons deux corbeaux, Hugin (la réflexion) et Munin (la mémoire), qui se tiennent près de lui.*

# *Palmipèdes et échassiers*

La blancheur immaculée du **CYGNE** symbolise la lumière, celle du jour – solaire et masculine – ou celle de la nuit – lunaire et féminine. Créature infiniment gracieuse, le cygne est synonyme de beauté, d'élégance et d'amour romantique. Dans la mythologie grecque, il est l'attribut d'Aphrodite, la déesse de l'Amour (Vénus, dans le panthéon romain). En tant qu'attribut d'Apollon, dieu de la Musique, de la Poésie et de la Divination, il incarne le poète inspiré. La légende selon laquelle les cygnes, à l'approche de leur fin, feraient entendre un chant divin a renforcé leurs liens avec la musique et la poésie tout en les associant à la mort.

Les dieux désireux d'apparaître aux humains empruntent volontiers la forme de ce bel oiseau. Ainsi, dans la mythologie grecque, Zeus se change-t-il en cygne pour séduire Léda, la femme de Tyndare. Dans le monde celte, le cygne est également l'une des formes sous lesquelles apparaissent les entités de l'Autre Monde, qui voyagent toujours deux par deux, reliées par une chaîne d'or ou d'argent.

Les puissantes ailes de la **GRUE** et sa résistance remarquable ont beaucoup impressionné les Orientaux, qui en ont fait le symbole de la longévité en Chine, et celui de l'immortalité au Japon. L'attitude de la grue au repos, une patte au sol, l'autre repliée, a donné lieu à diverses interprétations. Pour les Chinois, elle évoque la retenue du contemplatif, et ils ont associé la grue à la sagesse.

En Occident, on y a vu une figure de la sentinelle en faction, et cet échassier est devenu un symbole de vigilance. Les Grecs ont été bien davantage frappés par la complexité de la parade nuptiale, qu'ils ont assimilée à une danse exprimant la joie de vivre. Dans la tradition chrétienne, la grue, oiseau migrateur, est parfois un symbole de résurrection.

Comme la grue, la **CIGOGNE** est un symbole de longévité (notamment en Chine), de vigilance et de contemplation. A en croire la légende, la cigogne nourrirait ses parents vieillissants, de sorte qu'elle incarne également la piété filiale. Dans la mythologie grecque, les cigognes sont les

*La grue (brodée ici sur une tapisserie chinoise du XVIII^e^ siècle) est un symbole de longévité, de dignité et d'élégance littéraire.*

animaux sacrés d'Héra, la déesse de la Maternité – ce serait là l'origine de la charmante histoire selon laquelle les cigognes apportent les nouveau-nés. Pour les chrétiens, la cigogne, qui tue les serpents, représente le Christ.

En Égypte, l'**IBIS**, symbole de la sagesse, incarne Thot, le dieu de l'Intelligence, patron des écrivains, des comptables et des magiciens.

L'oiseau sacré égyptien, Bennou (dont est issue la légende du Phénix), réputé pour aider le soleil levant à sortir des eaux, était probablement un **HÉRON CENDRÉ**.

*Dans l'iconographie occidentale, le pélican symbolise la piété filiale et la principale vertu cardinale, la charité.*

La légende selon laquelle le **PÉLICAN** déchirerait sa poitrine pour nourrir ses petits en a fait, dans la tradition chrétienne, le symbole de l'amour paternel en même temps que celui du Christ, versant son sang pour sauver l'humanité. Le pélican représente la nature humaine du Christ lorsqu'il est associé au Phénix, qui en incarne la nature divine.

**L'OIE**

En raison de leur vol spectaculaire lors des migrations, les oies symbolisent la liberté, l'aspiration spirituelle et le renouveau cyclique. Le symbolisme de l'oie sauvage est cependant proche de celui du cygne, et ces deux oiseaux sont interchangeables dans tout le monde celte, où ils sont sacrés. Pour les Romains aussi, l'oie – attribut de Mars, le dieu de la Guerre – était sacrée, peut-être parce que les oies du temple de Junon donnèrent l'alerte en réveillant les habitants par leurs cris lorsque les Gaulois attaquèrent le Capitole (390 av. J.-C.).

*Dans l'Égypte ancienne, les œufs de l'oie étaient un symbole de vie éternelle et de résurrection (fresque d'environ 2500 av. J.-C. provenant de la nécropole de Meidoum).*

En Égypte, l'oie est associée à Amon, le dieu originel qui produisit l'œuf cosmique d'où naquit le Soleil et que l'on représente parfois sous la forme de ce palmipède. L'oie symbolise également le pharaon, qui incarne le Soleil : lors de l'intronisation d'un nouveau souverain, on dépêchait des oies sauvages aux quatre coins du monde, pour qu'elles y portent la nouvelle.

En Asie centrale, c'est une oie qui emporte les chamans au royaume des Esprits, tandis qu'en Inde elle sert de monture à Brahma, le dieu créateur (d'après certaines versions du mythe hindou, l'œuf cosmique dont est issu Brahma aurait été pondu par une oie, Hamsa). La représentation de Brahma sur l'oie sacrée symbolise le désir de sortir du cycle infini des réincarnations.

Aujourd'hui, les oies domestiques sont associées à des notions aussi diverses que la surveillance, le bavardage ou la fidélité conjugale.

# *Le monde végétal*

En Orient comme en Occident, le symbolisme des plantes est globalement positif, peut-être en raison de leurs liens privilégiés avec l'eau et le soleil, et parce qu'elles représentent le cycle de la vie, de la naissance à la mort et au renouveau.

L'arbre, qui relie la terre au ciel et semble embrasser toute la Création, était bien souvent l'objet d'un culte dans les sociétés archaïques, où on le croyait habité par des elfes ou des nymphes. Les fruits étaient considérés comme un don du ciel, certains passant même pour conférer l'immortalité (pommes du jardin des Hespérides ou pêches de la reine des fées chinoise, Siwang Mou). C'était aussi avec le miel issu des fleurs, dont la phytothérapie moderne reconnaît aujourd'hui les vertus thérapeutiques, que l'on préparait l'élixir d'immortalité. Dans les civilisations où les céréales constituaient la nourriture de base, l'épi de blé ou le grain de riz, qui réapparaît comme par magie au printemps, était un symbole de résurrection.

*Sur l'illustration ci-dessus, les deux principes alchimiques sont représentés par deux arbres – solaire et lunaire.*
*Le* Jardin du paradis *peint par le maître de l'Oberrheinischer (ci-contre) associe arbres, plantes, fleurs et fruits.*

# *Arbres de vie*

L'arbre, dont les feuilles repoussent au printemps, est l'un des plus grands symboles de résurrection qui soit. Sa structure verticale, par laquelle il relie le monde souterrain au ciel, en fait aussi une image de l'élévation spirituelle. Il est le chemin qui mène du visible à l'invisible, celui qu'empruntent les chamans comme les esprits, l'« échelle » que gravissent les hommes pour atteindre l'illumination spirituelle. Mais on peut voir également dans cet arbre qui s'étire de la terre jusqu'au ciel un symbole de la Création tout entière, un **ARBRE DE VIE**. Le serpent lové que l'on représente parfois à sa base incarne l'énergie primordiale provenant des profondeurs de la terre, tandis que les oiseaux apparaissant sur les plus hautes branches figurent les âmes des morts.

L'Arbre de vie pousse quelquefois sur une montagne sacrée (le mont Meru hindou) ou bien au centre d'un jardin paradisiaque. Dans certaines traditions (kabbale hébraïque, islam, Inde, Australie), l'Arbre de vie est renversé : ses racines puisent dans le ciel l'énergie qui va nourrir les branches orientées vers le bas. Au Proche-Orient, le symbolisme de l'Arbre de vie – l'Arbre

## L'ARBRE DE NOËL

L'arbre de Noël symbolise la résurrection et annonce le retour du printemps – un symbolisme remontant au moins aux Saturnales, fêtes pendant lesquelles les Romains décoraient leurs maisons de feuillage.

En Europe du Nord, la coutume voulait que le sapin porte douze bougies, une pour chaque mois, et que l'on allume des feux de joie pour fêter le solstice d'hiver.

Dans les pays germaniques et celtes, on mettait à brûler à Noël une grosse bûche de chêne qui devait durer jusqu'à l'Épiphanie, soit douze jours. Les boules dorées ou argentées, les étoiles et les croissants dont on décore aujourd'hui les sapins de Noël représentaient à l'origine les différentes planètes.

*Cet arbre de Noël aux décorations rutilantes et ces jouets aux couleurs vives témoignent de la survivance des anciennes coutumes allemandes et autrichiennes.*

biblique de la connaissance du Bien et du Mal – est généralement très proche de celui d'un arbre de mort, puisqu'il provoqua la chute d'Adam et Ève.

L'Arbre de vie est souvent figuré par un **ARBRE FRUITIER** : pêcher en Chine, figuier-sycomore en Égypte, amandier en Iran, olivier dans les pays islamiques, palmier ou grenadier dans les autres pays du Moyen-Orient. Son caractère sacré est sans doute lié aux anciens cultes animistes, qui considéraient les arbres comme des incarnations de la terre nourricière, des entités habitées par des elfes ou des nymphes.

La coutume qui veut que l'on plante un arbre le 1er mai sur la place du village ou que l'on défile dans les rues tout couvert de feuillage et de mousse (coutume des « feuillus » en Europe ou des Bobos au Burkina-Faso) a probablement pour origine les rites de fertilité célébrés dans l'Antiquité en l'honneur de Maïa, la déesse romaine, au cours desquels on brandissait des rameaux verts pour fêter le retour du printemps.

Le culte du **PIN**, vénéré en Asie Mineure et dans le monde gréco-romain, a une tout autre origine puisqu'il est lié non à une repousse printanière (les feuilles du pin sont persistantes), mais au mythe d'Attis, un jeune berger qui s'émascula dans un accès de démence et que Cybèle, la grande déesse phrygienne, ressuscita. Ce double événement (mort-émasculation/résurrection) donnait lieu à des fêtes pendant lesquelles on abattait un pin (symbole phallique), que l'on emmaillotait ensuite dans de la laine. L'arbre sur lequel on plaçait l'effigie d'Attis était ensuite honoré de diverses manières.

L'arbre, dont les branches semblent symboliser la différenciation de la matière, est parfois utilisé pour représenter l'évolution biologique. Les **ARBRES DOUBLES**, c'est-à-dire dont le tronc est divisé, sont souvent l'image du principe de dualité.

*Ce candélabre mexicain, qui déborde de fleurs, de fruits et de figurines en terre cuite, représente l'Arbre de vie.*

Les **BRANCHES** et rameaux brandis lors des fêtes ou des processions gardent le symbolisme rattaché à l'arbre dont ils sont issus. Ainsi, un rameau d'olivier, par exemple, symbolise la victoire, une branche de gui évoque la résurrection.

Les vertus magiques que l'on prête au **BOIS**, qui sert toujours à fabriquer des amulettes et des talismans, résultent des anciennes croyances animistes. En Inde, le bois représente la matière primordiale, la substance à l'origine de toutes choses.

# *Arbres légendaires*

Le **PIN**, un arbuste à feuilles persistantes, symbolise en Orient l'immortalité et la longévité. D'après la légende, ses graines, ses aiguilles et sa résine constitueraient toute la nourriture des Immortels taoïstes. Le pin apparaît fréquemment dans l'iconographie chinoise et japonaise : un seul arbre figure la longévité, deux arbres sont apprentés à la fidélité conjugale. Il est souvent associé à d'autres symboles de longévité : le prunier, le bambou, le champignon, la cigogne ou le cerf blanc. Le pin évoque également le courage, la résolution et la chance. Au Japon, à l'approche du Nouvel An, on en place un de chaque côté de la porte d'entrée pour s'attirer la protection des divinités. En Occident, le pin est relié aux rites de fertilité, en particulier aux cultes de Cybèle et d'Attis.

**LE LAURIER**

Le laurier, arbuste à feuilles persistantes, réputé pour écarter la foudre, représente l'immortalité et la gloire qui viennent récompenser héros militaires et grands poètes. Symbole de la victoire, il évoque aussi la paix qui succède à la guerre. Le laurier est associé à de nombreuses divinités – Dionysos (Bacchus), Héra (Junon), Artémis (Diane), Zeus (Jupiter), Apollon. On lui prête généralement des vertus purificatrices et divinatoires : à Delphes, les prêtresses du temple d'Apollon mâchaient quelques feuilles de laurier avant de rendre leur oracle. La chasteté que figure parfois cet arbuste fait allusion à Daphné, qui, pour échapper aux assiduités d'Apollon, se métamorphosa en laurier. Dans certaines régions d'Afrique du Nord, on se munit d'une branche de laurier pour se protéger des esprits malfaisants. En Chine, on reconnaît dans le laurier l'arbuste sous lequel le lièvre lunaire prépare l'élixir d'immortalité. Et une branche de laurier sert parfois de rameau bénit dans certains pays.

*Cette Victoire porte, comme c'est l'habitude, une couronne de laurier (étude pour* L'Apothéose d'Homère, *d'Ingres).*

En tant que symbole phallique, la pomme de pin est l'un des attributs de Dionysos.

En France, le **CYPRÈS**, arbre funéraire, est relié au deuil et à la mort. Mais, pour les Orientaux, les Chinois notamment, il symbolise la longévité, l'endurance et même l'immortalité (c'était l'Arbre de vie des Phéniciens). Le **CÈDRE**, bois extrêmement solide qui servait autrefois de matériau de construction, constitue un autre symbole d'immortalité. Les Celtes utilisaient sa résine pour réaliser leurs embaumements, et les Sumériens, frappés par sa grande taille, en ont fait leur Arbre de vie.

*L'acacia, dont le bois servit à fabriquer l'Arche d'alliance des Israélites, est un symbole de renaissance. La branche d'acacia figure parmi les insignes maçonniques, comme on le voit ici, en hommage à Hiram, maître d'œuvre du Temple de Jérusalem.*

Le **BOULEAU** figurait l'Axe du monde pour les peuples sibériens, en particulier pour les chamans, qui le gravissaient en esprit pour communiquer avec l'au-delà. Emblème de l'Estonie, le bouleau évoque, en Russie, la jeune fille et le printemps. Au Moyen Age, dans certains pays d'Europe, on fouettait les sorcières avec des branches de bouleau pour les exorciser.

Le **CHÊNE** a toujours été un synonyme de robustesse. Il évoque aussi la force morale, la hauteur de vue. Symbole de majesté, réputé pour attirer la foudre, c'était l'arbre de Zeus (Jupiter) et celui de Thor, le dieu du Tonnerre germanique. Le chêne est l'un des arbres majeurs des mythologies celtes, dans lesquelles il figure l'Axe du monde ou le Temple, et représente le pouvoir divin ainsi que la sagesse. Dans l'Antiquité, on pensait que les chênes étaient habités par des nymphes, les Dryades.

Le **SAULE**, dont les rameaux coupés continuent de pousser s'ils sont replantés, est un symbole d'immortalité en Extrême-Orient. Au Tibet, il figure l'Arbre de vie, tandis qu'en Chine la forme et le mouvement de ses branches le relient au printemps et au plaisir sexuel. En revanche, en Occident, le saule – pleureur – évoque la mort, ou parfois la chasteté. Les décoctions d'écorce de saule sont réputées pour leur action à la fois médicinale et magique.

De grands pouvoirs étaient attribués au **COUDRIER** dans le monde celte, où l'on croyait que l'on fabriquait avec son bois la baguette magique des fées, des sourciers et des chercheurs d'or, et qu'il suffisait de toucher une vache avec une branche de coudrier pour qu'elle donne beaucoup de lait. Symbole de fécondité, le coudrier et son fruit – la noisette – passent pour porter bonheur aux amoureux.

*Originaire d'Extrême-Orient, l'arbre aux écus, le ginkgo, est un symbole d'immortalité en Chine et de loyauté au Japon. Les vertus thérapeutiques de ce phlébotonique remarquable sont réputées dans le monde entier.*

# *Arbres fruitiers*

La grande valeur alimentaire du **FIGUIER** en a fait un Arbre de vie dans de nombreuses régions du monde (Égypte, Inde, Asie du Sud-Est, partie de l'Océanie). La ressemblance entre la figue et le testicule de même que l'apparence laiteuse du suc produit par certaines variétés ont ajouté une connotation sexuelle à ce symbolisme. C'est le cas dans la mythologie grecque, où la figue était l'attribut de Priape, le dieu de la Fécondité, et de Dionysos, le dieu de la Vigne, du Vin et de l'Extase. Dans la tradition romaine, le figuier évoque Romulus et Rémus, qui auraient été nourris à l'ombre de cet arbre : d'où une association avec l'idée de prospérité nationale – un symbolisme que l'on retrouve aussi dans la tradition juive. Le figuier était relié à la fécondité en Égypte et en Inde, où il représente le pouvoir créateur de Vishnou et de Shiva. Dans la tradition bouddhiste, il symbolise la connaissance spirituelle et l'immortalité, car c'est sous un banian (figuier des pagodes) que Bouddha reçut l'illumination. Dans l'iconographie chrétienne, Adam et Ève sont fréquemment représentés seulement vêtus d'une feuille de figuier, qui rappelle comment ils ont caché leur nudité après avoir mangé le fruit défendu.

Ressource économique majeure du bassin méditerranéen, l'**OLIVIER** est, comme le figuier, un arbre sacré dans la tradition islamique. Il symbolise essentiellement la paix, mais il évoque aussi la victoire, l'immortalité, la prospérité, la virginité et la pureté. C'est sous la *Pax romana* que le rameau d'olivier s'est imposé comme emblème de la paix, parce que les ambassadeurs des pays envahis le brandissaient en signe de reddition. En réalité, ce sont les exégètes juifs et chrétiens qui ont donné au rameau d'olivier biblique son sens actuel, car, à l'origine, la branche que la colombe rapporta à Noé indiquait seulement que les eaux du Déluge avaient baissé. En Grèce, l'olivier était consacré à la déesse de la Guerre, Athéna, qui fit pousser un olivier sur l'Acropole pour conquérir Athènes, que lui disputait Poséidon. Dans toute l'Attique, les jeunes mariées portaient des rameaux d'olivier en signe de virginité. On en couronnait

*L'olivier est, en Occident, un symbole de paix, d'entente et de sagesse. Il apparaît fréquemment, dans l'iconographie chrétienne, aux côtés de l'archange Gabriel et de la Vierge Marie. Au Japon, il représente l'amitié et la réussite, en Chine, il figure la sérénité.*

également les vainqueurs des jeux Olympiques.

Arbre sacré des Égyptiens, le **PALMIER-DATTIER**, dont les feuilles semblent former une majestueuse couronne, représentait le Soleil et la victoire dans le Moyen-Orient de l'Antiquité. En tant qu'arbre fruitier, il symbolisait le principe féminin et la fécondité en Chine, et il était consacré à la déesse phénicienne de la Maternité (Astarté / Ishtar). Les palmiers qui apparaissent sur des lampes ou tout autre objet funéraire figurent la résurrection – symbolisme suggéré par la grande taille et le tronc droit de ces arbres. La coutume des brins de buis bénis pendant la cérémonie des Rameaux s'inscrit dans la longue tradition des triomphes de l'Antiquité romaine, au cours desquels on agitait des feuilles de palmier en signe d'allégresse. Cette fête chrétienne commémore l'accueil triomphal des disciples de Jésus lors de son entrée à Jérusalem, quelques jours avant sa crucifixion. Ces foules croyaient en la victoire du Messie et en sa parole qui leur annonçait l'immortalité de l'âme et la résurrection des morts.

*Symbole de victoire, de gloire ou d'immortalité, la palme est aussi l'attribut des saints et des martyrs chrétiens.*

Arbre peu connu, le **TAMARIS** est sacré au Moyen-Orient. On a avancé que sa résine onctueuse était peut-être la manne citée dans la Bible. Le tamaris symbolise également la nourriture des nomades.

## LE PÊCHER

En Orient, le pêcher renvoie à des valeurs extrêmement positives : il évoque le printemps et la jeunesse, le mariage et la fécondité. C'est l'un des symboles de longévité et d'immortalité les plus répandus. Dans la mythologie chinoise, le pêcher est un arbre merveilleux : cultivé par la reine-fée du Paradis, Siwang Mou, il donne tous les trois mille ans des fruits qui confèrent l'immortalité. Toujours en Chine, on fabrique avec le bois de pêcher – qui passe pour écarter les esprits mauvais – des arcs, des talismans, des figurines divinatoires et des effigies de dieux tutélaires. On retrouve la même valeur d'exorcisme au Japon, dans le mythe d'Izanagi, le démiurge : poursuivi par des démons, il s'en débarrassa en leur lançant trois pêches. La fleur de pêcher est, au Japon, un symbole de virginité, de fidélité et de pureté. Dans l'iconographie de la Renaissance, une pêche accompagnée d'une feuille était un gage de sincérité.

*L'attribut de Shou Lao, dieu chinois de la Longévité, est une pêche. La pomme, la poire, la prune et le cédrat sont ainsi des symboles de longévité chinois.*

# *Arbustes, herbes et épineux*

Comme le coudrier, l'**AUBÉPINE** est un petit épineux lié à la pratique de la magie. Les Celtes disaient qu'elle leur permettait de communiquer avec les esprits. Dans la mythologie grecque, elle était réputée porter bonheur aux jeunes époux, et c'était l'un des attributs du dieu du Mariage, Hyménée. A Athènes, les convives se rendaient aux repas de noces en tenant un rameau de cet arbuste à la main. L'aubépine passait aussi pour inciter les célibataires à rester chastes.

Le **HOUX** est un symbole d'espoir et de joie. Les Romains s'en faisaient des couronnes lors des Saturnales, mais l'habitude de décorer les maisons avec du houx, en hiver, vient probablement d'anciennes coutumes allemandes.

Épineux à feuilles persistantes et à petites baies de couleur mauve, le **MYRTE**, que l'on trouve dans les régions méditerranéennes, était avec le laurier un emblème de gloire dans le monde antique. Attribut d'Aphrodite, la déesse grecque de l'Amour, il jouait un rôle important dans les rituels entourant les cérémonies nuptiales et les naissances. En Chine, le myrte symbolisait la réussite.

Le **BAMBOU** tient une place à part dans l'art oriental. La rectitude de sa tige, ses lignes dépouillées, la présence de nœuds sont autant d'images de la vie intérieure qui forment, pour les artistes taoïstes et bouddhistes, une sorte de langage pictural. Au Japon, le bambou apparaît comme un signe de bon augure, la pousse figurant plus particulièrement la jeunesse éternelle et la vigueur. Au Mexique et au Venezuela, le bambou servait à confectionner des couteaux, des sarbacanes ou des instruments de musique, tandis qu'en Afrique, où l'on en fabriquait des couteaux de circoncision, il était également une plante sacrée.

Le **ROSEAU** est, au Japon, un symbole de purification, probablement en raison de ses liens avec l'eau. Ainsi, c'est dans une rivière où poussaient des roseaux que le démiurge japonais Izanagi se purifia après son séjour dans les Enfers, où il était allé chercher sa femme. Le roseau joue dans la mythologie japonaise un rôle identique à

*Dans l'iconographie chrétienne, le houx, aux feuilles coupantes et aux baies rouge sang, évoque la passion du Christ.*

*En Extrême-Orient, le bambou figure, avec le prunier et le pin, parmi les plantes de bon augure. Il a, pour les bouddhistes et les taoïstes, un sens sacré.*

celui du lotus chinois, puisqu'il constitue le premier être vivant. Pour les Grecs, il représentait le dieu des Pâturages et de la Musique, Pan, dont la flûte était en roseau.

Chez les Celtes, il évoquait la purification et passait pour éloigner les démons. Le roseau est, en outre, relié à la passion du Christ, parce que l'éponge imbibée de vinaigre qui servit à le désaltérer était fixée à l'extrémité d'une canne. Au Mexique, il figure la fertilité et la prospérité.

L'**AMARANTE** représentée sur les tombes grecques est un symbole d'immortalité. Cette plante aux fleurs pourpres était reliée à Artémis, la déesse grecque de la Maternité, et elle était dotée de vertus médicinales.

Comme presque tous les arbustes épineux, le **CHARDON** est crédité de propriétés thérapeutiques et exorcisantes. Symbole de défense, c'est aussi l'emblème de la Lorraine et de l'Écosse. Le chardon de Notre-Dame est associé à l'image de la Vierge Marie.

Ornements très répandus dans le monde gréco-romain, les feuilles d'**ACANTHE** stylisées que l'on voit sur les chapiteaux corinthiens évoquent les épreuves traversées et surmontées – symbolisme suggéré par les piquants de cette plante très épineuse.

### LE GUI

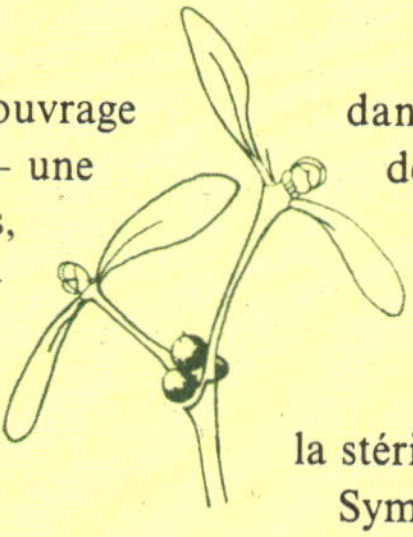

Le « rameau d'or » décrit dans l'ouvrage du même nom de James Frazer – une étude approfondie des mythes, croyances et cultes primitifs – n'est autre que le modeste gui. L'auteur le relie au symbolisme du feu, de la lumière et de la régénération. Le gui est une plante parasite à feuilles persistantes, qui produit des baies blanches en plein hiver. La cueillette du gui de chêne – très rare – donnait lieu, en Gaule, à une cérémonie d'une grande complexité, que nous connaissons grâce à la description qu'en donne Pline dans son *Histoire naturelle*. Après avoir coupé le gui à l'aide d'une faucille d'or (émasculation symbolique), on le recueillait dans un linge blanc et l'on sacrifiait deux taureaux blancs. Avec les baies de la plante, les druides fabriquaient une boisson miraculeuse, réputée triompher de toutes les maladies, y compris de la stérilité frappant les animaux.

Symbole de renaissance et d'immortalité, le rameau de gui devient un instrument de mort dans le mythe germanique de Balder, le fils d'Odin, que le seul contact de la plante suffit à tuer. La coutume de s'embrasser sous le gui à Noël – censée porter bonheur aux couples – vient probablement d'une ancienne tradition celte.

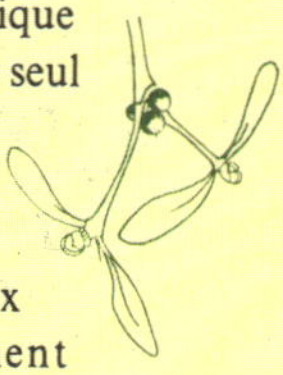

# *Bontés de la nature*

Le grain de **BLÉ**, que l'on enfouit dans la terre en hiver et dont le germe affleure au printemps, est un symbole de fécondité et de résurrection dans toutes les régions où cette céréale constitue la nourriture de base. Ce symbolisme était si bien enraciné qu'il était d'usage, dans le monde gréco-romain, de jeter des grains de blé sur les victimes des sacrifices, en gage d'immortalité, et que, en Égypte, l'emblème d'Osiris, le dieu mort et ressuscité, était un épi de blé. Dans l'iconographie, un épi de blé figuré seul signifie croissance et prospérité. Sur le continent américain, le **MAÏS** est également un symbole d'abondance, et les Aztèques le vénéraient dans plusieurs divinités, notamment Centéotl, esprit de Maïs jaune, et Chicomecoatl, déesse du Maïs mûrissant. En Amérique du Nord, certains peuples indiens peignaient les épis de maïs en bleu, pour souligner les qualités nourricières de la terre fécondée par le pouvoir mâle du ciel.

En Asie, le **RIZ** est également considéré comme un don du ciel. Symbole de fécondité, il joue, en Inde, un rôle important dans les cérémonies nuptiales, où l'on jette,

*La grotte qui cacha les amours d'Ulysse et de Calypso est tapissée d'une végétation luxuriante où les fruits et les fleurs poussent en abondance (tableau de Jan Bruegel).*

comme en France, des poignées de riz sur les mariés. Au Japon, le dieu du Riz, Inari, est aussi celui de la Prospérité. En Chine, on boit de l'alcool de riz selon un certain cérémonial, et l'on glisse des grains de riz dans la main des défunts pour qu'ils puissent éloigner les chiens affamés.

Les **HARICOTS** sont d'autres symboles de fécondité. En Inde, on s'en sert plus particulièrement pour fabriquer des charmes ou des philtres d'amour, et, au Japon, on les éparpille dans toute la maison, afin d'éloigner les mauvais esprits et la foudre.

*Les ours aussi aiment le miel (herbier français du XVe siècle).*

Dans le monde chrétien, le **PAIN** désigne la nourriture spirituelle ou le corps du Christ lui-même. Le pain azyme, sans levain, commémore le départ précipité des Hébreux fuyant l'esclavage de l'Égypte.

Les **CHAMPIGNONS**, qui se conservent très longtemps lorsqu'ils sont séchés, sont un important symbole de longévité et de bonheur en Chine, où ils constituent la nourriture des Immortels. Dans l'Europe du Moyen Age, les champignons, dont les substances sont parfois toxiques ou hallucinogènes, étaient fréquemment associés aux pratiques de sorcellerie. Pour certains peuples d'Asie centrale et d'Afrique, les champignons renfermeraient l'esprit des défunts.

Pour les Immortels, le **MIEL** était une nourriture divine ou une panacée. Il entrait dans la composition de l'hydromel, élixir d'immortalité comparable au nectar des dieux, dont la couleur dorée semblait confirmer la provenance céleste. Le miel est un symbole de bonheur, matériel et spirituel. La Terre promise, le pays de Canaan, est décrite dans la bible comme un lieu où coulent à flots le lait et le miel.

---

## LA CORNE D'ABONDANCE

La corne d'abondance, qui déborde de fruits, de fleurs et d'épis, représente dans l'iconographie occidentale non seulement l'abondance et la prospérité, mais aussi la prodigalité divine. Dans la mythologie gréco-romaine, Zeus l'offrit à sa nourrice, la chèvre Amalthée, pour remplacer celle qu'il avait cassée accidentellement. La caractéristique de la corne d'abondance est de se remplir au fur et à mesure qu'on la vide. Associée à la terre, à l'automne, à l'hospitalité et à la paix, elle est, dans l'iconographie, un attribut de Déméter (Cérès) – déesse de la Terre et de la Fertilité –, de Dionysos (Bacchus) – dieu du Vin et de l'Extase –, de Flore – qui préside à l'épanouissement des fleurs – et de Priape – dieu des Jardins. Les putti (chérubins) sont souvent représentés puisant dans une corne d'abondance.

*La corne d'abondance, au contenu inépuisable, est un symbole de l'amour maternel.*

# *Raisin et vin*

La grappe de **RAISIN** est l'un des symboles de fécondité les plus anciens du Proche-Orient. Elle figure la vie spirituelle et l'immortalité en Occident. Le vin est très présent dans la Bible : la vigne est la première chose que Noé planta après le Déluge et que les Hébreux aperçurent lorsqu'ils arrivèrent en Terre promise. Considéré comme un don de Dieu, le vin est toujours béni avant le repas dans la tradition judaïque. Pour les chrétiens, le vin et la vigne ont un sens très précis : « Je suis la vigne véritable, et mon Père est le vigneron », affirme le Christ (Jean 15 :1), qui dit encore, comparant les hommes qui s'éloignent de lui à des sarments coupés qui risquent de se dessécher : « Je suis la vigne ; vous, les sarments » (Jean 15 :5).

*Les grappes de raisin, qui figurent dans l'art funéraire le sang du Christ, sont des symboles d'hospitalité et d'abondance.*

Pour les catholiques, le **VIN** de l'Eucharistie est réellement le sang du Christ. Le vin est également un symbole de métamorphose, parce qu'il est le produit d'une mystérieuse alchimie, qui transforme un simple jus de raisin en une substance enivrante capable de modifier le comportement humain. Ce pouvoir, associé à la couleur rouge sang du vin, en a fait un élément sacramentel. Lors des fêtes célébrées en l'honneur de Dionysos, le dieu grec du Vin et de l'Extase (Bacchus, dans le panthéon romain), le vin était un moyen de fusionner avec le dieu lui-même et de connaître l'ivresse qu'il personnifiait. Sous l'effet de la boisson, les Ménades, les femmes qui suivaient le cortège de Dionysos, entraient en transe et se livraient à des actes d'une cruauté inouïe, mettant en pièces tout ce qui se trouvait à leur portée et allant jusqu'à tuer leurs propres enfants. En revanche, dans la tradition chrétienne, l'extase provoquée par la présence divine prend une dimension poétique : « Qui mange ma chair et boit mon sang demeure en moi, et moi en lui » (Jean 6 : 56). Certains tableaux du Moyen Age, qui représentent le Christ sous un pressoir à vin, font référence à une expression de saint Augustin (354-430) où le Christ est comparé à une grappe de raisin. Dans certaines scènes de Cruxifixion, la croix elle-même se transforme en pressoir. Parfois, le vin symbolise la colère de Dieu – allusion au passage de l'Apocalypse (14 : 20) dans lequel il est dit que du sang coula de la « cuve de la colère divine ».

Le vin passe pour faire dire la vérité *(In vino veritas)* et démasquer voleurs et hypocrites. La Bible fait preuve de tolérance à l'égard de la consommation d'alcool, dont elle réprouve seulement l'abus. Lorsque, à la Pentecôte, les Apôtres commencèrent à parler dans toutes les langues, on les crut saouls, mais on ne les condamna pas. Dans la religion musulmane, il est interdit de boire du vin (ou n'importe quel alcool), qui est réservé aux élus du Paradis.

*Coupe de vin, grappes de raisin, feuilles de vigne, tels sont les attributs de Dionysos (Bacchus, dans le panthéon romain), le dieu du Vin et de l'Extase (scène peinte par le Caravage).*

# *Fruits*

*La pomme d'or portant l'inscription « A la plus belle déesse », que Pâris remit à Aphrodite, fut à l'origine de la guerre de Troie (scène peinte par Joachim Utewael).*

La **POMME** est l'un des fruits les plus riches en significations symboliques. Sa forme ronde, où certains voient un cœur, d'autres un sein de femme, est à l'origine d'un grand nombre d'associations érotiques, encore renforcées par l'aspect du fruit coupé en deux, souvent comparé à un sexe féminin. Fruit à pépins, la pomme est un symbole de fécondité, et l'attribut de la déesse grecque Aphrodite, qui évoque l'amour, le printemps, la jeunesse et le plaisir sexuel. D'après certains auteurs, ce symbolisme expliquerait que, dans l'iconographie occidentale, la pomme représente le fruit défendu, bien que rien ne permette d'établir un lien quelconque entre le pommier et l'Arbre de la connaissance du Bien et du Mal, dont Adam et Ève ont mangé le fruit. Cette association résulte peut-être d'une simple homonymie (en latin, le « Mal » et la « pomme » se disent tous deux *malum*). Quoi qu'il en soit, la pomme représente en Occident la tentation – un objet désirable – et le péché originel. C'est aussi un symbole de savoir, toujours en association avec l'Arbre de la connaissance, mais aussi parce que, lorsqu'on la coupe transversalement, perpendiculairement à l'axe du pédoncule, on découvre en son centre une étoile à cinq branches, le pentagramme, le symbole des pythagoriciens. Enfin, dans les mythologies celte, nordique et grecque, la pomme est un aliment divin, qui confère l'immortalité.

Le symbolisme de l'**AMANDE** n'est pas moins important que celui de la pomme. Ce fruit représente non seulement la pureté, mais aussi l'enfant né d'une vierge. Ce symbolisme a une double origine, à la fois païenne et biblique : d'une part, dans la mythologie grecque, l'amande est associée à une conception virginale puisque c'est en posant sur son sein une amande, dont le lait fut par la suite comparé au liquide séminal, qu'une vierge conçut un enfant de sexe mâle, Attis, le jeune berger aimé de la déesse Cybèle ; d'autre part, dans la Bible, l'amande est reliée à la pureté de cœur, car Dieu désigne Aaron comme son élu en faisant fleurir son bâton et en le couvrant d'amandes (Nombres 17:23). Ce double symbolisme aboutit à la mandorle, médaillon en forme d'amande où l'on représentait la Vierge Marie (ou le Christ) dans l'iconographie du Moyen Âge.

La **POIRE** représente la mère ou l'amour, ses connotations érotiques provenant probablement de sa forme particulière, qui évoque un sein ou des hanches de femme. Associée aux déesses Aphrodite et Héra dans la mythologie grecque, la poire constituait un symbole de longévité en Chine.

Les Chinois ont fait du **CÉDRAT** (« la main de Bouddha »), l'un des trois fruits porte-bonheur. Le **CITRON** correspond à l'échec et à la déception, mais, dans l'iconographie chrétienne, il figure la loyauté.

Au Japon, la **CERISE** représente le samouraï, parce que son noyau dur, sa pulpe tendre et sa peau rouge vif évoquent, de façon poétique, le guerrier qui fait le sacrifice de sa vie. Dans l'iconographie chrétienne, elle figure parfois le fruit défendu.

**LA GRENADE**

La grenade représente parfois le fruit défendu, péché de la chair ou tentation. Mais sa structure particulière – une multitude de grains protégés par une écorce unique – a donné lieu à un autre symbolisme : pour les juifs, elle représente la fertilité et l'abondance, mais aussi les commandements divins contenus dans la Torah et les actions méritantes que l'homme doit faire chaque année ; pour les chrétiens, elle figure les bienfaits divins, ou encore le rassemblement des hommes dans l'Église. La grenade est un symbole de fécondité, d'amour et de mariage dans le bassin méditerranéen et en Chine. Dans le mythe de Perséphone – la fille de Déméter, enlevée par Hadès, le maître du royaume des morts –, la grenade que lui donna son ravisseur pour la garder près de lui (car quiconque mange de la nourriture des morts ne peut plus sortir des Enfers) représente le caractère indissoluble des liens du mariage. Dans la mythologie grecque, la grenade serait née du sang de Dionysos.

*Perséphone ayant entamé la grenade remise par Hadès, elle devra résider la moitié de l'année avec lui, dans le royaume souterrain (scène peinte par Dante Gabriel Rossetti).*

# *Fleurs*

Les fleurs – dont le calice évoque l'idée de réceptacle, de passivité – représentent souvent les qualités propres à l'enfance : l'innocence, la fraîcheur d'âme, la spontanéité ou la joie de vivre. Ce sont également les messagères de l'amour, des symboles presque universels de beauté, de jeunesse, de printemps, de renouveau, d'espoir, de paix...

En raison de la brièveté de leur existence, les fleurs figurent également le caractère éphémère de la vie et la vanité des projets humains, promis au flétrissement. L'art floral japonais (*ikebana*), qui met en valeur la perfection naturelle des fleurs, est basé sur leur symbolique et sur le thème du cycle de la vie (naissance, maturité, mort, résurrection).

*Symboles de méditation et de vie contemplative, des chrysanthèmes figurent de part et d'autre de cette statuette représentant un moine tibétain.*

Certaines fleurs sont associées à des personnages bibliques ou à des divinités : ainsi le **LIS** est-il, avec l'**ANCOLIE**, l'attribut de la Vierge Marie. Le **LOTUS** est relié à Brahma et à Bouddha. Enfin, le langage des fleurs exprime leurs affinités avec l'univers des sentiments. Les couleurs, formes et parfums déterminent le symbolisme propre à chaque fleur.

La majestueuse **PIVOINE** est, en Chine, associée à la richesse, à la gloire et à la dignité. Au Japon, elle symbolise la fécondité, la joie de vivre et le mariage. En Occident, les vertus sédatives et antispasmodiques des racines, graines et inflorescences de la pivoine sont connues depuis longtemps : le nom de cette fleur viendrait d'ailleurs de Paeon, le médecin des dieux qui soigna Hercule. La pivoine est parfois appelée la « rose sans épine ».

*Une pivoine entourée d'épis de blé symbolise, au Japon, la joie de vivre, le bonheur conjugal et la fécondité.*

Le **CHRYSANTHÈME**, qui fleurit nos cimetières à l'époque de la Toussaint, est au contraire, en Extrême-Orient, une fleur solaire, associée à la longévité et à l'immortalité. C'est aussi un symbole de perfection taoïste, empreint de sérénité et de plénitude – peut-être parce que le chrysanthème est encore fleuri en hiver. Au Japon, l'emblème de la maison impériale est un chrysanthème à seize pétales.

Le **CAMÉLIA**, qui, en France, évoque systématiquement le roman d'Alexandre Dumas, représente au Japon la mort soudaine, et la santé et la force en Chine. **L'ANÉMONE**, dont le nom signifie « vent », parce que le moindre souffle l'emporte, symbolise le caractère éphémère de la vie, mais aussi le deuil et le chagrin. Adonis, le bel adolescent aimé d'Aphrodite, fut métamorphosé en anémone à sa mort. Les lis des champs mentionnés dans la Bible sont probablement des anémones.

La **PENSÉE** incarne le souvenir affectueux. D'après certains auteurs, ce symbolisme lui viendrait de ses cinq pétales qui, en la reliant au pentagramme (étoile à cinq branches), symbole de l'homme, l'auraient associée à la méditation ; mais c'est plus vraisemblablement la forme en cœur de ces pétales qui en a fait l'image de la pensée affectueuse.

On confond souvent le symbolisme du **TOURNESOL** avec celui de l'**HÉLIOTROPE**, car ces deux espèces se tournent toujours vers le soleil. En Chine, le tournesol est associé à la longévité, en Inde à Krishna, et, dans le monde chrétien, à la ferveur religieuse. Dans la mythologie grecque, Clytia, la jeune nymphe qui fut aimée d'Apollon, puis délaissée, se métamorphosa en tournesol pour pouvoir continuellement suivre son amant des yeux. Pour sa part, la fleur de l'héliotrope représente l'amour passionné, l'adoration.

---

**LE PAVOT**

Dans l'iconographie, le pavot est l'attribut d'Hypnos (dieu du Sommeil), de Morphée (dieu des Rêves) et de Nyx (déesse des Ténèbres). Ce symbolisme est fondé sur les propriétés narcotiques du pavot, que l'on trouve à l'état sauvage en Grèce et dans les pays à l'est de la Méditerranée, et dont on faisait des infusions dans l'Antiquité. Les vertus hypnotiques de la plante expliquent ses liens avec la déesse grecque de la Végétation, Déméter, et sa fille, Perséphone, obligée de rester sous terre six mois par an – le pavot symbolisant dans ce cas le sommeil de la végétation, l'hiver. Cette plante, qui contient de la morphine, est aussi reliée à l'extase ou à l'oubli. Dans la tradition chrétienne, le pavot rouge est une image du sacrifice du Christ.

*Le pavot rouge – ou le coquelicot –, comme la plupart des fleurs rouges, est un symbole de sacrifice humain ou de mort.*

# *Lotus et narcisse*

L'importance exceptionnelle du **LOTUS** en Orient tient à la fois à la disposition de ses pétales, qui évoquent le sexe féminin, et au fait qu'il s'agit d'une plante aquatique poussant dans les marécages. Ces particularités en ont fait le symbole de la matrice primitive, l'origine du monde, un lieu de naissance et de résurrection. Cette fleur est mentionnée dans plusieurs mythes relatant la création de l'univers. Ainsi, dans le mythe égyptien, un lotus émerge de la boue primordiale et donne naissance au dieu du Soleil, Râ : le lotus représente le lien entre le monde des ténèbres et la lumière solaire. Dans le mythe hindou, chaque fois que le monde renaît, Brahma, le dieu créateur, apparaît sur un lotus sortant du nombril de Vishnou, qui repose sur un serpent flottant sur les eaux originelles. Là encore, le lotus semble relier l'obscurité (le magma, l'océan) au jour (une divinité créatrice, Brahma). Ce mouvement est probablement à l'origine d'un symbolisme « ascensionnel » qui fait du lotus, dont les racines plongent dans la boue, tandis que la fleur éclôt au soleil, l'image de l'épanouissement spirituel et des forces psychiques nécessaires pour atteindre la perfection. On retrouve la même notion d'aspiration au divin et à la pureté dans le taoïsme, où la « fleur d'or » qui réconcilie le yin (eau) et le yang (lumière) est un symbole de perfection. Dans l'iconographie indienne, les dieux et les bodhisattvas sont très souvent figurés assis sur un calice de lotus.

*Le lotus est l'emblème de Shri, l'épouse de Shiva, le dieu hindou. Ses autres noms signifient tous « lotus ».*

Les représentations à caractère sexuel du lotus, fréquentes notamment dans le tantrisme, combinent parfois la tige (principe masculin) et la fleur (principe féminin), de façon à suggérer l'harmonie et l'union spirituelle. C'est le joyau dans le lotus évoqué dans le mantra *Om mani padme hum.*

Pour certains bouddhistes chinois, le lotus évoque en outre la rectitude, la fermeté, l'harmonie conjugale et la prospérité – en particulier, une postérité nombreuse, figurée par un garçon tenant un lotus. Le lotus lui-même représente le Bouddha, image de l'épanouissement spirituel qui conduit au nirvana.

Dans la tradition chinoise, symbolismes sacré et profane se côtoient curieusement : on donne le titre de « lotus d'or » à une courtisane, alors que le lotus évoque généralement la pureté ou la virginité et constitue en outre, au Japon, un symbole d'intégrité morale. Pour les Mayas, le lotus, qui apparaît sur de nombreux récipients en terre, était vraisemblablement associé à l'idée de résurrection. En Égypte, il orne les fresques d'un grand nombre de sépultures, notamment à Thèbes.

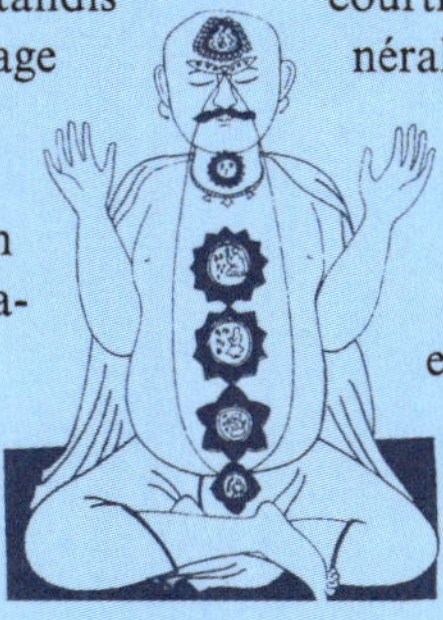

*Sur cette planche indienne, les sept chakras où se concentre l'énergie psychique sont représentés par des lotus.*

## NARCISSE

Dans le langage courant, un narcisse désigne une personne égocentrique et vaniteuse, qui se complaît dans des introspections stériles. Dans la mythologie grecque, Narcisse, fils de Céphise et de Liriopé, était un bel adolescent, qui tomba amoureux de sa propre image, réfléchie par l'eau d'un ruisseau. Désespéré de ne pouvoir embrasser cet autre lui-même qui toujours lui échappait, il se poignarda. Du sang qui jaillit de sa blessure et tomba sur le sol naquit la fleur qui porte son nom. Ce mythe a donné lieu à diverses interprétations, psychanalytiques notamment.

Dans un autre mythe, ce sont les propriétés narcotiques de la plante qui l'associent à la mort, au sommeil et à la renaissance (Narcisse vient en effet du mot grec *narkê*, qui signifie « engourdissement »). Ce mythe met en scène Perséphone, la fille de Déméter, la déesse de la Végétation. Alors qu'elle était occupée à cueillir des narcisses dans un champ, Hadès, le dieu des Enfers, sortit de terre et l'enleva, profitant de l'état d'hébétude dans lequel le parfum des fleurs l'avait plongée. Déméter réussit seulement à convaincre Hadès de lui rendre sa fille six mois par an. Le séjour de Perséphone sous terre correspond à l'hiver, le sommeil de la végétation. Le parfum du narcisse symbolisait la jeunesse en Perse. Sa hampe droite en a fait l'emblème du serviteur fidèle ou de la ferveur religieuse dans le monde islamique. En Chine, le narcisse, qui pousse en février – période du Nouvel An –, est la fleur avec laquelle on présente ses vœux.

*Désespérément amoureuse, la nymphe Écho, qui ne peut que répéter les mots prononcés par autrui, ne parvient pas à attirer l'attention du jeune Narcisse, absorbé par la contemplation de son propre reflet (scène peinte par John William Waterhouse).*

# *Lis et rose*

Le **LIS** symbolise l'amour pur et vertueux, la piété religieuse et l'innocence. Dans l'Antiquité, cependant, il représentait la fertilité et l'activité sexuelle. Associé à Vénus et aux Satyres, en raison de la forme allongée de son pistil et de ses senteurs aphrodisiaques, on le disait né du lait d'Héra, la déesse grecque du Mariage et de la Maternité. Le lis représentait la fécondité non seulement en Grèce, mais aussi en Égypte et plus généralement au Moyen-Orient, où il était un motif décoratif très apprécié. A Byzance, le lis figurait la prospérité et la royauté, et c'est probablement cette association, plutôt que sa blancheur virginale, qui a incité la France à choisir pour emblème royal la **FLEUR DE LIS**. La plante héraldique de la Haute-Égypte était également un lis.

*L'emblème de la France, la fleur de lis, associe la notion de pureté à celle de royauté, que renforce sa ressemblance avec un sceptre.*

## LE LIS DANS L'ART CHRÉTIEN

Le lis blanc fut appelé, au XIX<sup>e</sup> siècle, « Madonna », en référence à la virginité de Marie. Cette fleur est aussi l'attribut de Joseph, des parents de Marie et de l'archange Gabriel, souvent représenté un lis blanc à la main dans les scènes de l'Annonciation. Les lis des champs évoqués par Jésus dans le Sermon sur la montagne, pour recommander de s'en remettre à la Providence (« Observez les lis des champs, comme ils poussent : ils ne peinent ni ne filent » Matthieu 6 : 29), sont liés à divers religieux ou saints. D'après certaines croyances, un lis blanc annonce le décès d'un moine.

*Dans cette Annonciation de Domenico Veneziano, l'ange Gabriel tient dans la main un lis blanc, symbole de chasteté.*

*L'emblème des Rose-Croix est une rose rouge placée au centre de la croix, à l'emplacement du cœur du Christ.*

Fleur au symbolisme particulièrement important en Occident, la **ROSE** incarne l'amour mystique, romantique et sensuel. Elle est très proche de la roue (notion de cycle et de perfection). La rose blanche est reliée à l'innocence, à la pureté et à la virginité, d'où le nom de Rose du Paradis donné à la Vierge Marie ; la rose rouge représente la passion, le désir et la beauté voluptueuse. Toutes deux figurent la perfection. Dans la mythologie grecque, la rose rouge est une création d'Aphrodite : en courant vers Adonis agonisant, Aphrodite se blessa à une épine, et son sang colora les roses blanches, qui devinrent rouges. Adonis ayant été ressuscité par Zeus – mais en anémone –, la rose est également un symbole de renaissance. Cette légende est à l'origine des couronnes de roses des empereurs romains, ainsi que de la cérémonie Rosalia, durant laquelle on déposait des roses sur les tombes.

Dans le monde chrétien, la rose rouge figure les plaies du Christ ou la coupe qui recueillit son sang. Pour cette raison et pour bien d'autres encore, l'emblème des Rose-Croix, société secrète d'inspiration mystique fondée vers la fin du XVe siècle et se proposant de découvrir les secrets de la nature, est une rose à cinq pétales placée au centre d'une croix – à l'emplacement du cœur du Christ. La rosace et la rose gothique sont des formes de roue, et figurent l'épanouissement de la créativité ou de la spiritualité. Autre signification importante de la rose : la discrétion. Les roses que l'on suspendait ou que l'on peignait dans les salles de réunion signifiaient, dans l'Empire romain, que les débats étaient *sub rosa*, c'est-à-dire confidentiels. De même, lors des fêtes dionysiaques, les adeptes portaient-ils des couronnes de roses afin d'éviter de trop parler. Pour les alchimistes, une rose blanche indique l'obtention de mercure à l'état pur, c'est-à-dire d'argent, symbolisée par la Reine, associée à la Lune (Petit Œuvre). Une rose rouge marque l'obtention de soufre à l'état pur, c'est-à-dire d'or, et elle est symbolisée par le Roi portant robe rouge et couronne dorée (Grand Œuvre).

*Dans l'Antiquité, les roses étaient un symbole de vie éternelle (herbier du XVe siècle).*

# *Les éléments naturels*

Pour nous qui vivons dans un monde rationnel depuis notre plus tendre enfance et savons que les phénomènes naturels obéissent à des lois physiques aisément explicables, il est difficile de voir le monde avec les yeux des civilisations anciennes, qui ne pouvaient considérer l'univers que comme l'œuvre de dieux ou d'autres êtres surnaturels.

La disparition quotidienne du soleil a inspiré un grand nombre de mythes, où l'astre du jour est bien souvent avalé le soir et recraché à l'aube. La rosée, que l'on découvre au petit jour, a fréquemment été attribuée à la Lune, qui est devenue ainsi déesse de la Fécondité et dispensatrice de pluie. Pour les Incas, l'or était des fragments du Soleil, dont les rayons se pétrifiaient en touchant la Terre. Partout, des correspondances ont été établies entre le monde terrestre et le monde céleste, entre les planètes et les métaux, les couleurs, les végétaux et les animaux... Une vision du monde à la fois merveilleuse et effrayante, qui n'a été ébranlée que récemment, avec l'avènement de la science.

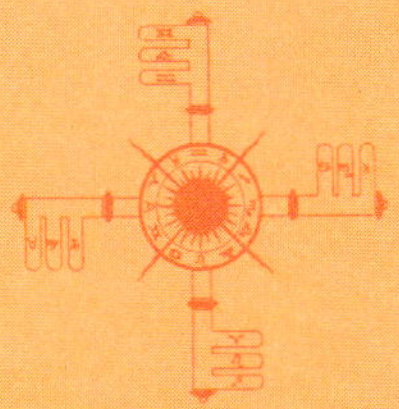

*La composition symétrique du symbole astrologique égyptien représenté ci-dessus contraste avec la disposition désordonnée des éléments de cette peinture maya (ci-contre), où l'on distingue une tortue reliée à des cordes fixées au ciel.*

# Corps célestes

*L'Égypte est l'une des rares civilisations qui ait représenté le ciel par une femme, la déesse Hathor, autrefois vénérée comme la « vache céleste ».*

Dans de nombreuses cultures, le **CIEL**, où résident le Soleil, la Lune et les étoiles, d'où viennent la pluie et la foudre, où soufflent les vents, a été considéré comme la résidence des dieux, ou associé d'une façon ou d'une autre à des entités surnaturelles. C'est un symbole universel de pouvoir, d'aspirations élevées et de progrès spirituel. Les baldaquins ou les dais placés au-dessus des trônes figurent le ciel et sont des signes de royauté ou de souveraineté.

Lorsque l'homme commença à vouloir percer les mystères de l'avenir, il se tourna naturellement vers le ciel pour connaître sa destinée : l'astrologie était née, et, depuis lors, l'intérêt qu'elle suscite est toujours aussi vif. Sources de lumière rassurantes dans l'obscurité, les **ÉTOILES** sont généralement associées à des entités bienfaisantes ou protectrices. Dans l'Antiquité, on croyait qu'elles abritaient des divinités. Les étoiles représentent aussi la victoire de l'esprit sur l'ignorance ou les forces du Mal : la Vierge Marie porte souvent une couronne d'étoiles. L'idée que les étoiles sont les fenêtres du monde ou des ouvertures permettant d'accéder au Paradis est répandue dans tout l'hémisphère Nord. Pour les Mayas, les étoiles représentaient les âmes des défunts. Les étoiles les plus significatives de la symbolique sont l'**ÉTOILE POLAIRE** – l'étoile du matin – et **VÉNUS** – l'étoile du soir. L'étoile polaire, qui indique le nord et qui a servi de repère pendant des siècles aux marins et aux nomades, était partout considérée comme l'axe autour duquel tourne le ciel, le centre de l'univers. Pour certains peuples primitifs, elle était même le lieu où Dieu a son trône. L'étoile du soir est associée à la sexualité et à la fertilité.

Dans l'Antiquité, les **MÉTÉORITES**, fragments de corps célestes tombés sur la Terre, étaient considérées comme des parcelles divines et faisaient souvent l'objet d'un culte. La pierre noire qui a été scellée sur la Kaaba – l'édifice cubique situé au centre de La Mecque – est une météorite.

*En Inde et en bien d'autres régions d'Asie, on croyait que les étoiles filantes annonçaient la mort d'un dieu. Ci-contre : l'étoile qui guida les Rois mages à Bethléem.*

## LES PLANÈTES

La croyance selon laquelle les planètes étaient habitées par des divinités inspira, chez les Grecs et les Romains, un grand nombre de mythes dans lesquels dieux et déesses, qui incarnaient tout l'éventail des passions, présidaient aux destinées humaines. Les Anciens dénombraient sept planètes, supposées tourner autour de la Terre. Un jour de la semaine fut consacré à chacune d'entre elles : lundi à la Lune, mardi à Mars, mercredi à Mercure, jeudi à Jupiter, vendredi à Vénus, samedi à Saturne et dimanche au Soleil. Par la suite, au Moyen Age, on établit des correspondances entre les planètes et différents éléments terrestres : métaux, pierres précieuses, couleurs, parfums, parties du corps...

**MERCURE** est généralement représenté sous les traits d'un jeune homme au casque et aux sandales ailés, tenant à la main un caducée. Messager des dieux, il incarne la rapidité et la mobilité. Médiateur par excellence, c'est le dieu du Commerce. Doué d'éloquence et ayant le goût du profit, il est aussi l'inspirateur des voleurs et des escrocs. Sa grande faculté d'adaptation en fait la planète des Gémeaux et de la Vierge.

**VÉNUS** apparaît sous la forme d'une jeune femme séduisante, à la fois tendre, sensuelle et maternelle. Déesse de l'Amour, elle personnifie tous les plaisirs de l'existence, la joie de vivre, la douceur et l'harmonie. Vénus a son domicile dans les signes de la Balance et du Taureau.

**MARS**, le dieu de la Guerre, est représenté casqué, armé d'un bouclier, d'une épée ou d'une lance. Il est parfois accompagné d'un loup. Agressif et combatif, il est l'image du courage et de l'énergie. Le Bélier et le Scorpion sont ses domiciles.

*Vénus, qui préside aux jeux amoureux, apparaît dans le plus simple appareil sur cette illustration du XV$^e$ siècle. A ses pieds se tiennent la Balance et le Taureau, les signes qu'elle gouverne.*

Souvent barbu, **JUPITER** a tout du patriarche majestueux. Ses attributs sont, outre la foudre, un sceptre surmonté d'un aigle. Il représente le pouvoir, l'équilibre et la justice. Il correspond aux signes des Poissons et du Sagittaire.

**SATURNE** est généralement représenté par un vieillard portant une faux. Autrefois dieu agraire, Saturne est aujourd'hui associé à la mort et représente des valeurs négatives : mélancolie, pessimisme et inertie. Il est également un symbole de vie monacale et contemplative. Il a son domicile dans les signes du Capricorne et du Verseau.

# *Soleil*

Considéré comme le dieu suprême ou l'une de ses manifestations, le Soleil est le plus grand symbole de pouvoir créateur. Les premières images que nous avons de lui le montrent au centre du ciel ou de la roue zodiacale. Source de chaleur, il évoque la vitalité, la passion, le courage et la jeunesse éternelle, mais il est aussi la lumière du jour et représente la connaissance, la raison et la vérité. Brillant d'un éclat incomparable, le Soleil sert souvent d'emblème royal ou impérial.

Les éclipses du Soleil, ses disparitions nocturnes, ses baisses d'activité épisodiques ont suscité par le passé bien des interrogations ou des frayeurs, et inspiré un grand nombre de mythes. En Égypte, on s'imaginait que le Soleil entrait dans la Terre chaque soir et qu'il passait la nuit dans une barque flottant sur les eaux souterraines, menacé par un serpent, Apophis. L'astre roi était parfois assimilé à un œil qui voyait tout et dont les flammes étaient celles du jugement. En de nombreuses régions du monde, on croyait qu'un serpent l'avalait le soir et le recrachait à l'aube. En Amérique centrale, on pensait qu'il descendait dans le royaume des morts et traversait l'Enfer chaque nuit. Au Mexique, dans le culte aztèque du Cinquième Soleil, le dieu de la Guerre Huitzilopochtli réclamait sans cesse des sacrifices humains destinés à alimenter le Soleil pour qu'il ne s'éteigne pas et qu'il demeure le gardien de l'ordre cosmique établi. Au moment des éclipses, Égyptiens, Hébreux et Phéniciens marchaient en rond pour soutenir le Soleil.

La sécheresse est également à la source de multiples légendes. Pour les Chinois, il y avait à l'origine dix soleils qui, se refusant à éclairer la Terre à tour de rôle, finirent par dégager une chaleur telle qu'ils la rendirent

---

**LE DISQUE SOLAIRE**

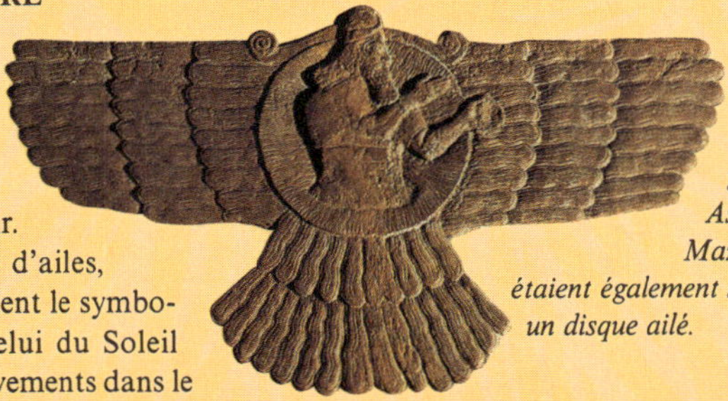

*Ce disque ailé (IX^e^ siècle av. J.-C.) était l'emblème du grand dieu assyrien, Ashur. Râ et Ahura Mazda, dieux du Soleil, étaient également symbolisés par un disque ailé.*

Le disque est l'un des plus anciens symboles utilisés pour représenter le Soleil ou son pouvoir. En dotant le disque d'ailes, les Anciens combinaient le symbolisme de l'aigle et celui du Soleil pour figurer ses mouvements dans le ciel. Le disque ailé intègre également le symbolisme de résurrection associé au soleil levant. En Égypte, le disque placé entre deux cornes symbolise l'union du Soleil et de la Lune. En Inde, il est l'image du pouvoir créateur et destructeur de Vishnou. Dans l'iconographie indienne, le disque remplace parfois la roue, qui est aussi un symbole solaire, et sert à représenter les chakras, centres de l'énergie psychique. Un disque percé d'un trou (*pi*, l'anneau de jade) est, en Chine, l'image de la perfection spirituelle – le disque constitue l'univers, l'orifice central marque l'inconnaissable. Des serpents ou des dragons entourant le disque solaire figurent la réconciliation des forces contraires.

inhabitable. L'archer divin, Yi, descendit du ciel et décocha ses flèches sur les astres ; il dut en tuer neuf pour rétablir l'ordre. On retrouve des mythes identiques dans plusieurs régions d'Asie.

La représentation du Soleil diffère selon les phases évoquées. En Égypte, le soleil levant était incarné par une coccinelle ou un scarabée ailé (Khepera), le soleil de midi par le disque doré de Râ, le soleil couchant par un vieil homme, Atoum. En Chine, les trois phases du soleil étaient évoquées par un corbeau noir à trois pattes apparaissant au centre d'un disque rouge.

Autrefois, le Soleil faisait partie du genre féminin dans tout le groupe des langues indo-européennes. Aujourd'hui, à quelques exceptions près (peuples indigènes d'Océanie, de Nouvelle-Zélande, Dogons du Mali, Japon), il relève du principe masculin.

Presque partout, le Soleil a servi à représenter l'œil de Dieu – Zeus en Grèce, Odin en Scandinavie, Ahura Mazda (ou Ormuzd) en Iran, Varuna en Inde, Allah en Islam. Le Soleil a également été comparé au Bouddha, au Grand Esprit des Amérindiens ou au Dieu des chrétiens. Au Pérou, Manco Pacac, le héros civilisateur des Incas, affirmait être son fils. Dans le monde romain, le Christ, « Soleil invincible », succéda à Mithra, dieu solaire et symbole de résurrection.

Les symboles du Soleil sont innombrables : disque d'or, disque pourvu de rayons ou ailé (très répandu au Moyen-Orient), demi-cercle entouré de rayons, cercle avec point central, auréole, étoile, spirale, anneau, roue, svastika, ou tout autre figure tournante. Le Soleil est aussi associé à diverses couleurs : bronze, doré, jaune, rouge ; à des pierres précieuses : diamant, rubis, topaze ; à certains animaux : serpent ailé ou à plumes, aigle, faucon, phénix, cygne, lion, bélier, coq, taureau. Le seul métal ayant de tout temps représenté l'astre éblouissant est l'or.

*Harachte, l'une des incarnations du soleil levant, est représenté ici avec une tête de faucon. Coiffé du disque solaire, il baigne de ses rayons une jeune femme (stèle funéraire datant environ de 1000 av. J.-C.).*

*Les Romains avaient fixé au 25 décembre l'anniversaire de Mithra, le dieu de la Lumière. Cette date fut reprise par les chrétiens, qui en firent celle de la naissance de Jésus.*

# *Lune*

Dès la plus haute Antiquité, les hommes ont vu dans les différentes phases de la Lune, dans ses disparitions cycliques et ses éclipses, un symbole des rythmes biologiques terrestres : cycle végétal (germination, croissance, floraison, décomposition) ou cycle animal/humain (naissance, croissance, maturité, vieillesse, mort). La grande vénération dont la Lune était l'objet en de nombreuses régions du monde tient au fait que sa lumière permettait de chasser la nuit et que ses lunaisons, dont les phases sont visibles à l'œil nu, ont servi à établir les premiers calendriers. On croyait en outre, parfois avec raison, qu'elle était la cause des marées, de la pluie, de la neige, des inondations, et qu'elle influait non seulement sur la destinée humaine, mais aussi sur la croissance des plantes et des animaux, ainsi que sur le cycle menstruel.

*Khonsou, le dieu de la Lune égyptien, est coiffé du disque solaire reposant sur un croissant de lune.*

Bien que, dans la plupart des pays, la Lune fût assimilée au principe féminin, elle était parfois représentée par des dieux. Ainsi, à Ur, la Lune était incarnée par Sin, vieillard barbu coiffé d'un turban. En Égypte, elle était représentée par Thot, le dieu à tête d'ibis, dont le bec incurvé évoque le croissant lunaire. Au Japon, le dieu de la Lune et époux d'Amaterasu s'appelait Touki-Yomi. De même, la Lune était-elle du genre masculin dans les pays germaniques et dans certaines régions d'Afrique ou d'Amérique. Lorsque la Lune était représentée par une femme, celle-ci

*Une barque en forme de croissant est l'attribut habituel de Sin, le dieu sumérien de la Lune, dit le « mesureur du temps » (stèle babylonienne datant du XII^e^ siècle av. J.-C.).*

se caractérisait par des sautes d'humeur, des mœurs chastes et une apparente froideur. En Grèce, la Lune était personnifiée par différentes déesses : Séléné – sœur du Soleil –, Héra – protectrice de la maternité, associée à la pleine lune –, Artémis – déesse chasseresse, reliée à la jeune Lune et ayant pour attribut un croissant, symbole de chasteté. Hécate, la déesse de la Magie et de la Sorcellerie, correspondait à la « Lune noire », nom donné à la Lune durant les trois jours pendant lesquels elle est invisible. Les Phéniciens honoraient la Lune dans Astarté, et les Babyloniens dans Ishtar.

Comme le cercle, la Lune évoque l'idée de perfection et de totalité. Pour les bouddhistes, elle est un symbole de beauté et de sérénité, et, en Chine, elle caractérise l'entente familiale. En raison de ses liens avec l'eau, la Lune est aussi un symbole de fécondité, associé à l'amour et au mariage. En Chine, la fête de la Lune, pendant laquelle on mange des gâteaux en forme de croissant, a lieu à la pleine lune de l'équinoxe d'automne.

## LE CROISSANT

De façon générale, un croissant suffit à représenter la Lune. En Égypte, cependant, le symbole lunaire combine le croissant à un disque figurant la pleine lune. Bien souvent, le croissant représente le bateau d'une divinité lunaire traversant le ciel nocturne. L'attribut de Sin, le dieu de la Lune des Sumériens, est une embarcation en forme de croissant. Le dieu de l'Orage australien navigue lui aussi dans une barque lunaire. Dans les traditions hindoue, celte et musulmane, la coupe contenant l'élixir d'immortalité a la forme d'un croissant de lune. Le croissant symbolise encore la chasteté : dans le monde gréco-romain, les déesses lunaires étaient représentées avec un croissant dans les cheveux ou à la main. Dans l'iconographie, la Vierge Marie est figurée, pour la même raison, avec un croissant à ses pieds.

À Byzance, les pièces de monnaie furent estampées d'un croissant de lune et d'une étoile à partir de 341 av. J.-C., en hommage à Hécate, déesse de la Lune qui, selon la légende, avait sauvé la ville de l'armée macédonienne (l'attaque de cette dernière avait été révélée par l'apparition d'un croissant de lune).

*Emblème de l'Empire ottoman, le croissant représente, dans les pays islamiques, l'autorité divine, la conquête et la résurrection. Associé à une étoile, il est l'image du Paradis (lampe de mosquée, XIX^e^ siècle).*

Depuis les croisades, le croissant, symbole de l'Empire ottoman, a connu une évolution semblable à celle de la croix. Dans les pays musulmans, le Croissant-Rouge est l'équivalent de la Croix-Rouge occidentale. On note la présence d'un croissant sur les drapeaux de plusieurs États. Le croissant est, en terre d'islam, un symbole de résurrection.

# *Temps et saisons*

Ce sont des phénomènes naturels facilement observables – lever et coucher de soleil, phases lunaires, changements de saison – qui ont permis d'établir les premiers calendriers. Par exemple, la **SEMAINE** de sept jours résulte probablement du découpage du mois lunaire en quatre (nombre de phases). En outre le chiffre 7, chargé de symboles mystiques, correspond au nombre de planètes connues dans l'Antiquité : Lune, Mars, Mercure, Jupiter, Vénus, Saturne, Soleil – associées chacune à un jour de la semaine.

L'usage de cesser toute activité périodiquement et de consacrer une journée entière au repos est ancienne. Les calendriers babylonien, égyptien et romain comportaient des jours dits maléfiques, où toute occupation était proscrite. Ceux-ci seraient à l'origine du jour sabbatique qui, chez les juifs, en référence au commandement du Décalogue (« Observe le jour du **SABBAT** pour le sanctifier » – Deutéronome 5 :12), est consacré au Seigneur et correspond au septième jour de la semaine (célébré le samedi, le dimanche étant alors le premier jour de la semaine) : « Car en six jours, l'Éternel a fait le ciel, la terre, la mer et tout ce qu'ils renferment, et il s'est reposé le septième jour » (Exode 20:11). Dans la majeure partie du monde chrétien, on observe aussi, quoique de façon moins stricte, le repos hebdomadaire, le jour chômé correspondant à celui de la résurrection du Christ (dimanche de Pâques). L'islam connaît également un jour de repos hebdomadaire, mais c'est un vendredi.

*Dans l'iconographie chrétienne, le sablier, symbole de l'écoulement du temps, rappelle le caractère éphémère de la vie et invite à la vertu (*Allégorie du bon gouvernement, *peinture de Lorenzetti, XIV^e siècle).*

*Pour les bouddhistes japonais, l'aube, personnifiée par la déesse Amida, est l'illumination spirituelle – un symbolisme suggéré par la luminosité de l'aube, qui semble annoncer une nouvelle ère.*

Les différents moments de la journée ont leur propre symbolisme. L'**AUBE** signifie presque universellement l'espoir et la jeunesse. La déesse grecque de l'Aube, Eôs (Aurore, dans le panthéon romain), est ordinairement représentée par une jeune femme conduisant un char tiré par des chevaux ailés. Elle précède Hélios, le dieu du Soleil, pour annoncer son arrivée. Bien que l'aube soit un symbole de joie, Eôs est parfois figurée pleurant son fils Memnon, tué dans un combat singulier par Achille.

**MIDI** est l'heure de la révélation dans les traditions juive et islamique. De façon générale, c'est l'heure de la confrontation avec la vérité, qui apparaît en pleine lumière. Le caractère positif des valeurs communément associées à midi s'explique par l'absence de ténèbres (considérées comme négatives) et par le fait que, dans les anciens cultes solaires, on vénérait particulièrement le soleil de midi. Le **CRÉPUSCULE** est souvent associé aux derniers moments de la vie ou de l'univers. En Europe du Nord notamment, les mythes sur le crépuscule des dieux – tel le Ragnarök, ultime combat au cours duquel le monde des dieux sera détruit – symbolisent la disparition progressive de la chaleur, annonciatrice de la fin du monde.

## LA REPRÉSENTATION DES SAISONS

Comme les phases de la Lune, les saisons symbolisent le cycle des naissance, croissance, mort et résurrection. En Occident, le **PRINTEMPS** est figuré par un enfant ou par une jeune femme tenant un rameau en fleur. Il est associé à Flore (déesse romaine), à Aphrodite (déesse grecque), à un agneau ou à un chevreau, au Bélier, au Taureau et aux Gémeaux. L'**ÉTÉ** est incarné par un personnage couronné d'épis de blé et tenant parfois une faux. Il est relié à la déesse Déméter (Cérès), à Apollon, au lion et au dragon, au Cancer, au Lion et à la Vierge. L'**AUTOMNE** est représenté par des feuilles de vigne, des grappes de raisin et toutes sortes de fruits dans une corne d'abondance. Il est associé à Dionysos (Bacchus), au lièvre, à la Balance, au Scorpion et au Sagittaire. L'**HIVER** est personnifié par un vieil homme près du feu ou par une femme dans un paysage glacial. Il est relié à Héphaïstos (Vulcain), à Borée, à la salamandre, au canard sauvage, au Capricorne, au Verseau et aux Poissons.

*Fleurs et fruits sont une évocation classique du cycle végétal (Walter Crane,* Les Saisons*).*

# *Feu et air*

En Occident, le **FEU** est l'un des quatre éléments avec l'air, l'eau et la terre. Associé au principe masculin et à l'action, c'est un symbole de purification, de régénérescence, d'illumination, d'amour spirituel ou d'ardeur sexuelle. Énergie à la fois créatrice et destructrice, il évoque des notions contradictoires. Le feu de cheminée, qui éclaire, réchauffe et permet de cuire les aliments, est rassurant. Il est l'image de la vie domestique et du bonheur familial. En revanche, l'incendie, qui menace toujours, suscite panique et terreur. Le feu inspire ainsi des sentiments mêlant la crainte et le respect.

Dans les sociétés archaïques, le feu semble avoir été vénéré comme un dieu ou une manifestation du pouvoir divin. Cet élément, qui semble animé d'une vie propre, qui grossit au fur et à mesure de son avancée, donne des signes d'épuisement puis reprend de plus belle, a parfois été considéré comme la forme terrestre du Soleil. Certains cultes du Feu sont terrifiants – par exemple, le culte de Moloch, dieu cananéen auquel on immolait des enfants, ou encore les sacrifices humains supplémentaires que les Aztèques faisaient tous les cinquante-deux ans pour assurer le départ du nouveau feu. L'utilisation du feu comme agent purificateur a donné lieu, au Moyen Age, à de nombreuses abominations. Aux XVIe et XVIIe siècles, des milliers de personnes accusées de sorcellerie furent brûlées vives en Europe.

*La domestication du feu marque le début de la civilisation. Dans la mythologie grecque, le feu fut donné aux hommes par Prométhée, qui l'avait dérobé aux dieux.*

*Le dieu du Feu aztèque, Huehueteotl, est généralement représenté par un vieil homme édenté, portant un chaudron sur la tête. C'est l'un des plus anciens dieux d'Amérique centrale.*

Source de lumière et de chaleur, le feu est également associé à des divinités bienveillantes. Agni, qui incarne en Inde les trois types de feu – le soleil, la foudre et le feu de bois –, est un dieu miséricordieux, qui transmet au Ciel les prières et les offrandes des hommes. Pour les Perses mazdéistes, qui entretenaient continuellement un feu sacré, le dieu du Feu, Atar, était aussi un être bon. A l'époque de l'Empire romain, les Vestales, prêtresses qui devaient rester vierges et chastes sous peine de mort (on les enterrait vives), étaient chargées de veiller nuit et jour sur un feu sacré. Un feu était pareillement entretenu dans les maisons, où il représentait l'âme des ancêtres (lares domestiques). Un culte identique existait en Grèce, où la déesse s'appelait Hestia. Les flammes consacrées – sanctuaires, temples, flamme du soldat inconnu ou des jeux Olympiques – font, aujourd'hui, l'objet des mêmes soins.

Certains animaux mythiques – la salamandre, qui vit dans le feu, ou le Phénix, qui renaît toujours de ses cendres – relient le feu à la résurrection. Dans le monde chrétien, on bénissait chaque année, à Pâques, le feu nouveau. Un feu était allumé à l'extérieur de l'église : le prêtre y allumait le cierge pascal, dont la flamme était transmise à tous les flambeaux de la procession.

Dans la tradition hindoue, le feu de la crémation des morts a une fonction purificatrice importante. Selon les cultures, la **FUMÉE** élève jusqu'au Ciel les prières des hommes ou représente l'âme des défunts.

Reliant le Ciel et la Terre, l'**AIR** est associé au vent et au souffle. Il véhicule les odeurs, les sons et la lumière. C'est un symbole de liberté, de pureté et de vie spirituelle.

## LES VENTS

Dans la tradition judéo-chrétienne, le vent – déplacement d'air invisible, aux effets parfois dévastateurs – désigne souvent le souffle divin. Au tout début de la Bible, l'esprit de Dieu est assimilé à un souffle : « Un vent de Dieu planait sur les eaux » (Genèse 1:2). Le jour de la Pentecôte, c'est aussi un vent violent qui apporte l'Esprit saint (Acte des Apôtres 2 :1). Le vent est encore identifié, dans la Bible, à un messager de Dieu ou à l'instrument de sa justice. En revanche, dans l'iconographie chrétienne du Moyen Age, les vents sont fréquemment figurés par des démons, qui passent pour provoquer de violentes tempêtes : pendant longtemps, on accusa les sorciers de les exciter. Dans la mythologie grecque, les vents étaient personnifiés par des êtres violents et imprévisibles. D'après certaines légendes, les druides, qui commandaient aux éléments, pouvaient déclencher un « vent druidique ». Par ailleurs, l'importance du rôle du vent dans le processus de pollinisation en a fait un symbole sexuel.

*Dès la plus haute Antiquité, les vents furent assimilés à des messagers divins et personnifiés par des anges.*

# *Tonnerre et foudre*

Le **TONNERRE** est essentiellement un symbole de pouvoir créateur et/ou destructeur, associé à la fertilité. Bien que la plupart des divinités du Tonnerre soient du sexe masculin et assimilées à des forgerons, il existe des déesses du Tonnerre, en raison du symbolisme de fécondité lié aux pluies que déclenchent les orages. Les maîtres du tonnerre habitent généralement au ciel, mais ils peuvent aussi résider sur terre, dans les volcans.

*Le marteau de Thor, le dieu de l'Orage scandinave, symbolise à la fois le tonnerre et la foudre. Lors des cérémonies nuptiales, la coutume était d'apporter un marteau, le symbole de fécondité.*

Les représentations des dieux de l'Orage sont variables, mais le tonnerre y a partout une valeur d'avertissement. Dans la tradition hindoue ou bouddhiste, le dieu Indra emploie le *vajra* (instrument rituel) pour briser les nuages (l'ignorance) et libérer la pluie (la connaissance). Chez les Incas, c'est à l'aide d'une massue que le dieu de la Pluie, Illapa, fait tomber les eaux célestes. Mais que le bruit du tonnerre soit comparé à un roulement de tambours (Chine), à un coup de marteau (pays germaniques), à un battement d'ailes (peuples amérindiens et sibériens) ou à la marche d'un unijambiste (Aztèques), il est toujours la manifestation des dieux.

Comme le tonnerre, la **FOUDRE** est le signe de la colère des dieux, elle est l'instrument de la justice divine. Elle est généralement représentée par un trident, le *vajra*, un marteau, une flèche ou un zigzag.

La foudre relie de façon paradoxale le feu à l'eau de pluie qu'elle précède ; perçue comme un phénomène tout ensemble destructeur et créateur, elle suscitait autrefois une terreur mêlée de respect. Dans l'Antiquité gréco-romaine, elle était généralement un signe de mauvais augure.

Dans de nombreuses civilisations, les lieux frappés par la foudre devenaient tabous ; les personnes touchées par elle étaient considérées comme des élues, ou au contraire passaient pour avoir subi le châtiment divin.

Dans la Bible, la foudre annonce une révélation divine : « Il y eut des tonnerres et des éclairs [...] Moïse parlait, et la voix de Dieu lui répondait » (Exode 19 : 16,19).

*Masque représentant l'Oiseau-tonnerre, l'un des nombreux animaux mythiques des Indiens d'Amérique du Nord, qui produisait les éclairs en clignant des yeux et le bruit du tonnerre en battant des ailes.*

*Peinture sur écorce (Australie) représentant Wala-Undayne, l'homme-foudre, dont le pénis en érection symbolise la foudre. Le symbolisme de fertilité attaché à la foudre est particulièrement évident dans les traditions aborigènes. Mais il apparaît également dans la mythologie grecque, où Zeus, le maître de la foudre, féconde la mère de Dionysos d'un éclair.*

# *Phénomènes météorologiques*

La **PLUIE** a toujours été un symbole de fertilité, souvent comparée, dans les sociétés agricoles primitives, à une émission de sperme divin – une analogie que l'on retrouve dans la mythologie grecque, où Zeus féconde Danaé sous la forme d'une pluie d'or. La croyance que les dieux commandaient à la pluie et qu'ils exprimaient leur satisfaction ou leur mécontentement par son intermédiaire est ancienne : la pluie était généralement considérée comme un don du ciel, tandis que la sécheresse et les déluges étaient interprétés comme des signes de la colère divine (en Chine, cependant, la sécheresse résulte d'un déséquilibre entre le yin et le yang).

Dans les régions où la pluie représente la seule eau disponible, on avait recours aux faiseurs de pluie ou l'on multipliait les cérémonies destinées à faire tomber l'eau céleste. La plupart de ces rites se fondaient sur le principe de la magie imitative : on essayait

## L'ARC-EN-CIEL

L'arc-en-ciel est généralement considéré comme un heureux présage. Pont reliant la Terre au Ciel, il symbolise les relations des hommes avec les divinités et représente le passage du monde sensible au monde surnaturel. Dans le bouddhisme, l'arc-en-ciel désigne l'escalier aux sept couleurs par lequel le Bouddha redescendit du mont Meru. C'est aussi un symbole d'ascension. En Asie centrale, les rubans de l'arc-en-ciel utilisés par les chamans leur permettaient de communiquer plus facilement avec les esprits. Parce qu'il annonce le retour du soleil – météorologiquement parlant –, l'arc-en-ciel indique le début d'une nouvelle ère. Dans la Bible, il marque la fin du Déluge et figure l'alliance de Dieu avec Noé et ses descendants. En Grèce, la déesse de l'Arc-en-ciel, Iris, est la messagère des dieux : toute habillée de rosée, elle ne porte que de bonnes nouvelles.

Dans la Chine ancienne, l'arc-en-ciel aux cinq couleurs représentait l'union du yin et du yang, c'est-à-dire l'harmonie de l'univers. Parce qu'il associe le symbolisme de l'eau et du soleil, il était aussi un symbole de prospérité et de fécondité. En Inde, l'arc-en-ciel était l'arc du dieu Indra, le dieu de la Foudre qui dispense la pluie. Selon une croyance très répandue, les extrémités de l'arc-en-ciel montrent les endroits où se trouvent des trésors. Quelquefois, l'arc-en-ciel est décrit comme un être cruel qu'il est dangereux de montrer du doigt. Dans certaines régions d'Afrique, d'Asie, d'Amérique du Nord et d'Australie, il était représenté par un serpent à deux têtes.

*Un arc-en-ciel borde cette couverture navajo du XIX^e^ siècle, qui représente le maïs apporté par deux divinités bienveillantes.*

*Dans ce tableau de Gustave Klimt, une pluie d'or représentant la semence de Zeus féconde Danaé, la mère du jeune héros grec Persée.*

de reproduire le bruit de la pluie en frappant le sol de façon régulière (danse de la Pluie), on versait de l'eau sur un tamis (Afrique), ou bien l'on procédait à des sacrifices humains pour que le sang et les larmes répandus attirent la pluie. Rendues obligatoires en France en 511, les Rogations, processions destinées à attirer les bénédictions célestes sur les récoltes, existent toujours en de nombreuses régions d'Europe, où elles ont lieu durant les trois jours qui précèdent l'Ascension. D'après certains auteurs, ces rites agraires seraient une réminiscence des cérémonies préhistoriques.

En dehors des symboles associés au tonnerre (la hache et le marteau), la pluie est évoquée par des traits verticaux, des cordons, des colonnes (Mayas), des dents de peigne ou des crocs (Aztèques), des serpents (Afrique), des dragons (Chine), des grenouilles. La comparaison avec l'araignée est également très répandue, peut-être parce que l'araignée qui descend de son fil semble chargée de cadeaux.

Les **NUAGES**, qui sont aujourd'hui des signes de mauvais augure, associés au chagrin et à la tristesse, étaient autrefois des symboles de fécondité. Dans la Chine ancienne, les nuages colorés, en particulier les rouges et les roses, étaient annonciateurs de bonheur : les Immortels les montaient pour se rendre au Ciel. Dans la Bible, Dieu prend la forme d'une colonne de nuages pour guider les Hébreux hors d'Égypte : « L'Éternel marchait avec eux, le jour dans une colonne de nuée pour leur indiquer la route » (Exode 13 : 21). Dans le Coran, la voix d'Allah sort d'un nuage.

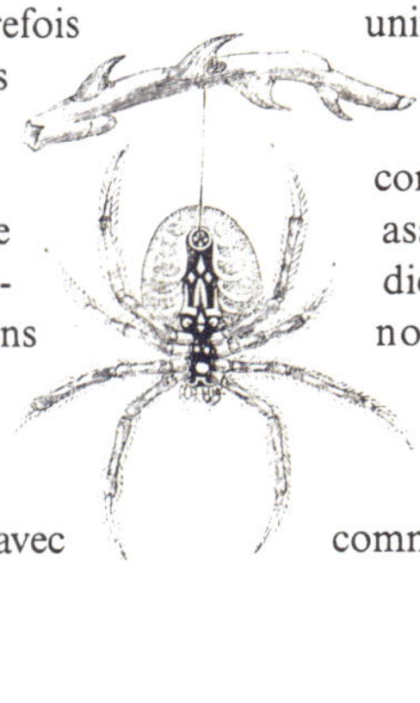

De façon générale, le **BROUILLARD** représente l'indéterminé ; il annonce une révélation ou une nouvelle vie. Il évoque parfois le chaos primordial. En Chine, il désigne souvent un lieu peuplé d'esprits.

Les grands dégâts provoqués par une **TEMPÊTE** en font un symbole presque universel de la colère divine. Pour les peuples de l'Antiquité cependant, la tempête, qui s'accompagne de pluie, était également associée à la fertilité : Haddad, le dieu syrien de la Tempête, est surnommé « le Maître de l'abondance », car il apporte la pluie.

Dans la plupart des mythologies, les dieux de la Tempête commandent aussi au tonnerre.

# *Eau*

**L'EAU** est un symbole presque universel de pureté et de fertilité. Pour les peuples de l'Antiquité, elle était le principe de toute chose. La **MER**, notamment, a toujours évoqué la matrice primordiale, peut-être même davantage que la terre. Matière renfermant tous les possibles, elle est un symbole d'harmonie, d'adaptation, de naissance et de renouvellement.

Les eaux les plus limpides – la **ROSÉE** et les **SOURCES** – passaient pour miraculeuses. Qu'elles viennent du ciel (la rosée) ou de la terre (les sources), elles étaient considérées comme des dons divins. L'utilisation d'eau pure dans les ablutions rituelles est particulièrement répandue dans les pays où l'eau est rare.

*Des torrents de montagne comme celui-ci évoquent avec force le temps qui passe et le caractère éphémère de la vie.*

On retrouve les mêmes notions de purification et de régénérescence dans les mythes qui relatent un déluge venant souvent sanctionner une ville ou un peuple « vivant dans le péché ». Dans beaucoup de mythologies, l'eau peut également représenter une frontière, par exemple entre le monde des morts et celui des vivants.

De nombreuses divinités naissent dans l'eau ou ont la faculté de marcher sur l'eau. La foi dans les pouvoirs purificateurs de l'eau était autrefois si ancrée que celle-ci passait pour repousser les démons et servait d'ordalie : les personnes suspectes étaient jetées dans l'eau, et, si elles remontaient à la surface, c'est qu'il s'agissait bien de sorcières. Pour les taoïstes, l'eau est un symbole de sagesse, car elle se fraie son chemin en contournant les obstacles, victoire de la faiblesse apparente sur la force. Sur le plan psychologique, l'eau incarne les forces inconscientes. Pour les bouddhistes, l'eau agitée représente la succession des manifestations, tandis que l'eau calme figure la contemplation.

*L'eau du baptême efface le péché originel à la naissance comme à l'âge adulte (miniature française du XIVᵉ siècle). Elle symbolise la purification de l'être et le renouveau.*

Dans un certain nombre de légendes, les **LACS** sont des sortes de miroirs sans tain permettant aux habitants du royaume souterrain de contempler le monde d'en haut. Ils abritent généralement des palais merveilleux où règnent des fées, des magiciens, des nymphes et des génies. Dans la légende du roi Arthur, la Dame du Lac tend au héros une épée, Excalibur, qui est probablement un trophée comme les Gaulois avaient l'habitude d'en offrir aux divinités lacustres pour les remercier de les avoir fait triompher. Et la coutume de lancer des pièces de monnaie dans les fontaines en faisant des vœux est très certainement la survivance de ces traditions anciennes.

*Neptune, le dieu romain de la Mer, a pour attributs le trident et le cheval, qui représente ici l'écume. Cette divinité symbolise la fertilité de la mer.*

Dans les mythes et légendes, les sources sont des lieux magiques et sacrés, entre autres à cause de la pureté particulière de leur eau. Les propriétés thérapeutiques des eaux minérales ont probablement renforcé les pouvoirs miraculeux prêtés aux sources en général. Chez les Germains, l'eau de la fontaine du Savoir, située au pied de l'Axe du monde – l'arbre Yggdrasil –, est si merveilleuse que le dieu Odin accepte de perdre un œil pour en boire une gorgée.

## FLEUVES SACRÉS

Pour toutes les civilisations dépendant d'un bon système d'irrigation, les fleuves évoquent la prospérité et la fertilité du sol. Parce qu'il se renouvelle continuellement, le fleuve est aussi un symbole de purification. Il est également associé à la mort, en raison des risques de noyade qu'il représente. La source qui jaillit au pied de l'Arbre de vie du Paradis et se divise en quatre fleuves pour aller irriguer les quatre coins de l'univers semble l'image même de l'Esprit divin baignant le monde.

Dans la mythologie hindoue, le Gange, personnifié par Ganga, déesse des Grands Fleuves, représente l'Axe du monde, le fleuve d'origine céleste qui purifie tout sur son passage, la terre comme le ciel. Le Gange est toujours un fleuve sacré pour les hindous, qui y font leurs ablutions rituelles. Le mythe grec où Hercule nettoie les écuries d'Augias avec l'eau de deux fleuves dont il a détourné le cours évoque un autre aspect de la purification, l'assainissement.

Les fleuves dont le comportement est imprévisible, qui peuvent aussi bien inonder qu'irriguer, étaient souvent l'objet de cultes, notamment chez les Grecs, qui leur sacrifiaient des animaux. Les fleuves séparent fréquemment, dans les différentes mythologies, le monde des vivants de celui des morts.

*Akbar, l'un des plus grands empereurs moghols qui régna sur le nord de l'Inde, conquit le Bengale en 1576. Cette miniature, dans laquelle on le voit traverser le Gange, est extraite de ses mémoires,* Akbarnama.

# *Terre, grottes et pierres*

Symbole universel de fécondité, la **TERRE** représente la fonction maternelle ; elle donne la vie et protège. Elle est un abri nourricier, la matière d'où jaillissent les sources et les plantes, la substance qui renferme les métaux précieux. Parfois incarnée par des dieux, comme en Égypte (Geb), elle est plus souvent personnifiée par des déesses-mères, telle Gaia en Grèce.

Dans plusieurs cosmogonies, la Terre s'unit au Ciel pour enfanter les autres dieux. La terre (argile, boue ou sable) est aussi la matière avec laquelle un dieu créateur, par exemple Khnoum en Égypte, façonne les premiers hommes. Dans la Bible, Dieu crée Adam avec de la glaise. Certains rites d'initiation comportent des enterrements symboliques qui évoquent cette mise au monde.

La terre est fréquemment représentée, notamment en Chine, par un carré, image de la matière figée, aux arêtes anguleuses, le chiffre quatre désignant les points cardinaux. Bien que la terre soit la demeure des morts, son principe créateur l'emporte généralement sur son aspect destructeur (sauf au Mexique, où la déesse aztèque Cihuacoatl réclame d'innombrables sacrifices humains pour assurer sa fonction nourricière). On va même jusqu'à attribuer les séismes aux mouvements des animaux mythiques qui portent la Terre : un poisson géant au Japon, un éléphant dans l'Asie du Sud-Est, une tortue en Inde, un serpent en Amérique du Nord.

*Les déesses-mères représentent souvent la Terre, symbole de la matrice primordiale. Ci-contre, Maja, l'une des nombreuses déesses hindoues.*

*Une grotte creusée à flanc de coteau est le décor choisi par Watteau pour représenter sa* Tentation de saint Antoine, *anachorète égyptien.*

Grande cavité naturelle souterraine, la **GROTTE** (ou la caverne) est l'archétype de la matrice originelle ou de l'utérus. Lieu de naissance et de renaissance, elle représente l'origine de toutes choses.

La grotte peut aussi évoquer des images négatives : le monde souterrain, l'entrée des Enfers, ou, sur le plan psychologique, le désir de redevenir un enfant ou les terreurs inconscientes. Symbole de la vie à l'état embryonnaire, la grotte jouait un rôle très important dans les rites d'initiation, comme lieu de passage préalable à une nouvelle existence. C'était aussi l'endroit où l'on rendait les oracles. Certaines grottes et cavernes sacrées, situées généralement sous des collines ou des montagnes, renferment parfois un pilier central ou un lingam, qui représente l'Axe du monde. Dans la mythologie turque, le premier homme naît dans une grotte.

## LES PIERRES SACRÉES

Dès la plus haute Antiquité, les êtres humains ont vénéré les pierres, dont la dureté, la permanence et l'incorruptibilité les impressionnaient vivement, de même que leur imperméabilité, leur pouvoir réfléchissant et leur capacité à garder la chaleur. Menhirs, dolmens, obélisques... on ne compte plus les pierres sacrées. En Asie Mineure et en Grèce, une pierre noire incarne Cybèle, la déesse phrygienne, symbole de la terre nourricière. Une autre pierre noire (météorite), scellée sur la Kaaba – édifice cubique situé au centre de La Mecque –, fait l'objet d'un pèlerinage. Au Cachemire, dans la grotte d'Armanath, c'est encore une pierre, le lingam de Shiva, que l'on vénère. A Delphes, dans le temple d'Apollon, une grosse pierre, l'omphalos, représente le « nombril du monde » d'où est issue toute la Création. Pour les Indiens d'Amérique du Nord, les pierres figuraient les os de la déesse-mère. Certaines servaient de repères, d'autres faisaient office d'autels où l'on immolait les victimes.

On a également utilisé les pierres pour fabriquer des couteaux sacrificiels ou des amulettes. En de nombreuses régions du monde, on leur attribuait des propriétés fécondantes (« pierres fertiles » où les femmes venaient s'asseoir), un pouvoir protecteur contre la foudre (« pierres de foudre ») ou des qualités divinatoires.

*Ces colossales statues de l'île de Pâques, qui figurent parmi les sculptures mégalithiques les plus remarquables qui soient, témoignent de la permanence de l'esprit humain.*

# *Montagnes*

Dressée entre ciel et terre, la **MONTAGNE** est un symbole d'éternité, de pureté et d'élévation spirituelle. La croyance qu'elle constituait la résidence des dieux, des immortels, des héros ou des saints était autrefois très répandue dans les pays où les montagnes, vénérées et redoutées, étaient suffisamment hautes pour être entourées des nuages dispensateurs de pluie. Dans la Bible, la montagne est souvent le lieu d'événements importants : c'est sur le mont Sinaï que Dieu confie à Moïse les Tables de la Loi (Exode 24:16) ; c'est sur une hauteur que Jésus prononce son célèbre sermon (Matthieu 5:1), et sur une montagne également qu'il est transfiguré (Matthieu 17:1-8) ; c'est sur le mont Carmel que le prophète Élie triomphe des prêtres de Baal (1Rois 18:20-40) ; et c'est du mont des Oliviers que s'élève le Christ (Actes des apôtres 1:9). Le château où se trouve le Graal – la coupe dans laquelle le sang du Christ fut recueilli au moment de sa mort et qui contient une hostie miraculeuse – est lui aussi situé en haut d'une montagne, le Montsalva.

*Montagne sacrée des shintoïstes, le Fuji Yama, ou mont Fuji (3 776 mètres), constitue presque l'emblème du Japon. Sur le plan symbolique, l'escalade d'une montagne représente l'élévation intérieure ou le progrès spirituel.*

En Chine, les Immortels résident sur le mont K'ouen-louen, dit la « Montagne du milieu du monde », où se trouvent également le palais de jade de la reine-fée Xi Wang Mu et le pêcher dont les fruits confèrent l'immortalité. Au Mexique, dans l'espoir d'avoir toujours des pluies en abondance, les Indiens avaient placé en haut d'une montagne entourée de nuages une effigie du dieu de la Fertilité et de la Pluie, Tlaloc, qui a donné son nom au mont. En Grèce, c'était du haut d'une montagne de Thessalie, l'Olympe, que les dieux présidaient aux destinées humaines.

Parfois, les montagnes sacrées sont des lieux imaginaires : ainsi en est-il de la Montagne blanche des Celtes, du Qaf des musulmans – selon la tradition, il reposerait sur un rocher d'émeraude –, du mont Meru hindou – Axe du monde qui serait situé dans l'Himalaya. La cosmogonie hindoue comporte encore bien d'autres montagnes sacrées, tel le mont Mandara, qui servit à baratter la mer de Lait. Différentes mythologies situent le « nombril du monde », l'origine de la Création, au sommet d'une haute montagne. Dans les pays plats, on crée des **MONTAGNES ARTIFICIELLES** : cairns, tumulus, pyramides, stupas (monuments abritant des reliques sacrées), ziggourats (temples babyloniens en forme de pyramide à plusieurs étages), pagodes chinoises dont les neuf étages représentent les neuf niveaux de l'élévation spirituelle.

*C'est sur le mont Sinaï que Dieu remit à Moïse deux tablettes de pierre sur lesquelles étaient gravés les Dix Commandements (page ci-contre, peinture d'Edward Lear).*

# *Gemmes et métaux précieux*

Pour les Anciens, les métaux étaient une forme solidifiée des énergies cosmiques – une croyance à l'origine de nombreux mythes, parfois incompréhensibles – et correspondaient chacun, comme les êtres humains, à une planète déterminée dont ils subissaient l'influence selon une hiérarchie bien établie.

Inaltérable, inoxydable et malléable, l'**OR** est le métal parfait. Sa couleur jaune et son aspect brillant en ont fait le symbole du Soleil par excellence et l'attribut des dieux. Il représente aussi bien des valeurs spirituelles (la pureté, la perfection, l'illumination, la connaissance, l'harmonie et la sagesse) que des valeurs temporelles (la gloire, la royauté, la noblesse, la richesse). Chez les Aztèques, l'or était un symbole de renouveau et correspondait à la couleur de la terre avant l'apparition des premières pousses printanières : pour cette raison, les victimes offertes à Xipe Totec, le dieu du Printemps, étaient écorchées, et les prêtres revêtaient leur peau teinte en jaune. Pour les Incas, l'or était un fragment du Soleil qui se serait solidifié en formant une sorte de lumière minérale. A Cuzco, les murs du temple du Soleil sont tout recouverts d'or. Dans le monde chrétien, les objets du culte sont le plus souvent en or, métal qui

### LE JADE

Dans la tradition chinoise, le jade représente la plupart des vertus : pureté, justice, bonne foi, courage, harmonie, sincérité et bonté. Le sceau impérial des Chinois était en jade, symbole de la fonction royale et d'un mandat céleste. Les nombreuses teintes du jade, qui vont du blanc au brun-noir, en passant par le vert, le bleu et le rouge, permettaient de distinguer les objets religieux les uns des autres. Le symbole de la Terre, *Ts'ung*, souvent en jade jaune, était représenté par un cône emboîté dans un cube.

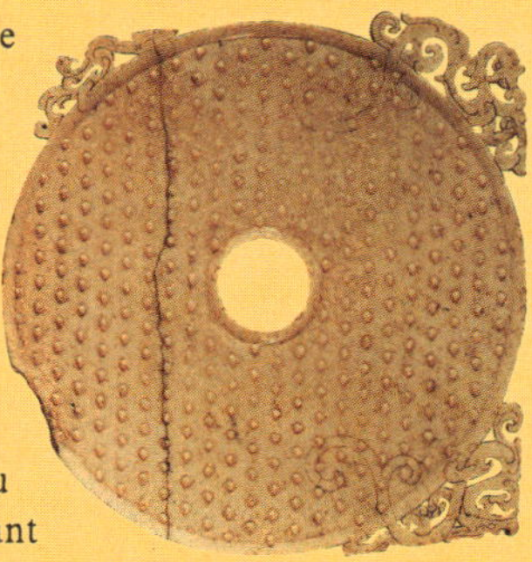

*Le célèbre* pi *de jade chinois est un disque, qui représente l'univers, percé d'un orifice, qui symbolise l'inconnaissable (pièce du IV^e^ siècle av. J.-C.).*

Bien que le jade soit un signe solaire et yang, les Chinois comparaient généralement la peau d'une femme au poli de la pierre. En raison du caractère inaltérable de la néphrite (variété de jade très employée jusqu'au XVIII^e^ siècle), les Chinois croyaient que les amulettes en jade pouvaient, par « magie imitative », préserver le corps de la décomposition : ils en mettaient toujours dans les tombes. Pour les alchimistes chinois, le jade représentait la pierre philosophale et se substituait à l'or pour symboliser la pureté absolue.

La néphrite de couleur verte était particulièrement prisée par les Chinois, car elle était supposée conférer le pouvoir de lévitation. Elle avait également une grande valeur dans l'ancien Mexique, où elle était un symbole du sang. Chez les Maoris (Nouvelle-Zélande), une néphrite verte servait à fabriquer les bâtons de commandement.

*Dans l'ancienne Égypte, l'or constituait la chair des dieux. Ci-contre : des adorateurs nubiens apportent de l'or au pharaon (fresque, vers 1400 av. J.-C.).*

symbolise parfois le Christ. En Orient, la peinture dorée qui forme le fond des icônes byzantines et bouddhiques révèle le caractère divin des sujets. En raison de son association avec le Soleil, l'or est lié au principe masculin. Il incarne l'immortalité dans le brahmanisme et le taoïsme.

D'un blanc lumineux, l'**ARGENT** symbolise, comme l'or, la pureté – dans toutes ses acceptions : chasteté, fidélité, droiture ou franchise. Associé à la Lune et au principe féminin, il figure parmi les attributs des déesses lunaires (Diane, en particulier) et des reines. Dans l'Égypte ancienne, il constituait les os des dieux (l'or était leur chair), et de nombreuses cultures l'assimilaient à l'eau pure. Dans l'iconographie chrétienne, il représente la sagesse divine.

Le **MERCURE** symbolise le mouvement, la communication, l'adaptation et l'intellect. La rapidité avec laquelle la planète Mercure tourne autour du Soleil et son caractère insaisissable expliquent qu'elle ait été identifiée avec le messager des dieux (Hermès, dans le panthéon grec) et qu'elle soit symbolisée par le vif-argent.

Le **FER** d'origine céleste (météorite) était vénéré par certains peuples, notamment par les Aztèques, mais le fer issu de la terre (royaume des morts) et travaillé au feu de la forge (flammes de l'Enfer) était associé au diable. Cela explique que, dans l'Antiquité, l'utilisation d'instruments en fer à des fins religieuses était interdite.

Parmi les pierres sacrées figurent le **LAPIS-LAZULI**, dont la couleur évoque le bleu du ciel ; la **TURQUOISE**, qui représentait pour les Aztèques le feu et le Soleil ; le **CRISTAL DE ROCHE**, image de la perfection spirituelle. Ce minéral, qui donne un corps tangible à l'invisible, est depuis longtemps lié aux pratiques divinatoires.

*Les techniques utilisées pour travailler les métaux ont fait de la métallurgie un symbole de l'alchimie. La pierre philosophale (à la fin du Grand Œuvre) permet de transmuter les métaux en or.*

Les pierres qui brillent et scintillent au plus profond de la terre faisaient l'admiration de tous les peuples primitifs, qui voyaient dans leur feu un fragment de lumière, un morceau d'énergie pure. Les pierres précieuses devinrent ainsi, tout naturellement, des symboles d'illumination spirituelle, de pureté, de perfection et d'éternité.

De tout temps et en tout lieu, on leur a attribué des pouvoirs protecteurs, magiques et thérapeutiques, les pierres brillantes ou translucides étant associées aux pratiques divinatoires, et les rouges à la passion ou à la vitalité. En Orient, les pierres précieuses symbolisent la vérité.

L'association de l'**ÉMERAUDE** à la fertilité est probablement due à sa couleur verte, qui évoque le printemps, l'eau, la végétation. Dans la civilisation aztèque, l'émeraude était une pierre de très grande valeur, reliée au quetzal, oiseau au plumage vert et brillant, et par conséquent au dieu Quetzalcoatl, le serpent à plumes. Pour les chrétiens, l'émeraude – la pierre du pape – est un symbole d'immortalité, de foi et d'espérance. Dans les croyances populaires, l'émeraude est un des plus puissants talismans, et elle est dotée de multiples vertus curatives ; celles-ci résultent sans doute de ses liens avec le Graal, qui aurait été taillé dans l'émeraude tombée de la couronne de Lucifer, lors de son combat contre l'archange Michel. En raison de cette origine démoniaque, l'émeraude est aussi associée à la sorcellerie.

Pierre limpide et dure, le **DIAMANT** est un symbole de lumière, de perfection, de pureté et d'incorruptibilité. Son éclat exceptionnel en a fait l'image de la Révélation en Inde : le trône du Bouddha serait en diamant – évocation de son caractère immuable –, de même que son sceptre, symbole tantrique de pouvoir divin. En Occident, le diamant est un gage de fidélité et de loyauté, et il orne traditionnellement la bague de fiançailles.

En raison de sa couleur, qui va du rouge vif au rouge sombre, le **RUBIS** est le symbole de l'amour pur et de la loyauté, ainsi

*Douze pierres précieuses symbolisant les douze tribus ornaient le pectoral du grand-prêtre d'Israël. Mais les bijoux que porte Salomé ici ont pour seul but de séduire Hérode.*

## LES PERLES

La perle est le symbole par excellence du rayonnement féminin : sa forme et ses reflets faiblement irisés l'associent à la Lune, donc au cycle des naissances et renaissances, et son origine marine la relie à la fertilité. Son élaboration mystérieuse et sa splendeur cachée dans le secret d'une coquille en ont également fait l'emblème des connaissances occultes, de la sagesse ésotérique. Fragment de lumière céleste, c'est le troisième œil (celui de l'illumination spirituelle) de Shiva et de Bouddha.

*En Chine, la perle représente souvent la balle du tonnerre que se disputent les dragons du ciel. Ici, elle figure le taï-chi, composé à parts égales du yin et du yang.*

Dans le monde gréco-romain, les perles, attributs de la déesse de l'Amour, Aphrodite (Vénus), étaient un symbole de pureté et d'innocence. Du fait de leur aspect translucide, elles étaient très souvent comparées à des larmes divines ou à des gouttes de rosée céleste. Elles passaient pour avoir des pouvoirs thérapeutiques en de nombreux pays. Aujourd'hui encore, l'élixir préparé avec des perles réduites en poudre est considéré comme un remède souverain en Inde. Les Romains, qui portaient des perles en hommage à Isis – la déesse égyptienne de la Fécondité, dont le culte se répandit dans l'Empire romain au IIIᵉ siècle av. J.-C. –, les utilisaient comme amulettes pour se protéger de toutes sortes de maux. Dans d'autres traditions, on en mettait dans les tombeaux pour faciliter la renaissance des défunts. Dans les croyances populaires, casser un collier de perles est de mauvais augure.

---

que celui de la vitalité et du courage. Il est associé à Mars, la planète rouge et le dieu romain de la Guerre (Arès, dans le panthéon grec). Dans l'Antiquité (et aujourd'hui encore en de nombreuses régions d'Asie), le rubis était l'emblème du bonheur et de la longévité. Comme à toutes les pierres précieuses, on a attribué au rubis des pouvoirs thérapeutiques, tel celui de combattre efficacement les hémorragies et les dépressions. La couleur feu du rubis explique également son association avec les dragons légendaires, dont il constitue l'œil unique (escarboucle).

**L'AMÉTHYSTE**, symbole de tempérance, de paix, d'humilité et de piété, est la pierre des évêques. L'améthyste passait également pour préserver de l'ivresse.

Souvent comparé aux étoiles, évoquant le bleu du ciel, le **SAPHIR** est un symbole de paix, d'harmonie et d'amour de la vérité. Il est censé éloigner le mauvais œil, protéger des morsures de serpent, et augmenter le courage et la vitalité.

*Un rubis, considéré comme la pierre des amoureux, orne cette broche en cœur. Celui de Catherine d'Aragon aurait terni lorsque Henri VIII la délaissa.*

# Les créations humaines

Les créations humaines ont également fait l'objet d'une symbolisation. De la pyramide de Khéops au petit miroir de poche, en passant par le tambour, nombreuses sont les réalisations investies d'un sens sacré.

Un drapeau, au départ simple signe de ralliement, se métamorphose en symbole de victoire ; une modeste pipe que l'on orne de plumes blanches se transforme en calumet de la paix ; un nœud fait à une cordelière devient un vœu de chasteté... Un code précis permet ainsi de doter d'une signification particulière de multiples objets, parfois d'usage courant. Et quand la nature fait défaut, on fait appel au rêve ou à la magie : on édifie d'immenses ziggourats pour rapprocher la Terre du Ciel et offrir aux dieux un escalier digne d'eux, on enfouit dans le sol des haches de pierre pour féconder la terre, et l'on écoute de merveilleuses histoires de chaudrons magiques et de manteaux qui rendent invisibles...

Ci-dessous figure un trône maya en forme de jaguar, dont le symbolisme vient renforcer l'autorité propre au siège royal.

*Sur ces drapeaux de prière menant au monastère de Leh, dans le Ladakh, figurent les prières que les Tibétains confient au vent. L'air qui s'engouffre dans le tissu et l'agite suggère un monde au-delà du visible.*

# *Monuments et édifices*

De tout temps, les monuments et édifices sacrés ont servi à représenter des dieux ou des conceptions religieuses. Là où il n'y avait pas d'éminence naturelle, on a créé des montagnes artificielles, depuis le simple tas de pierres (tumulus) à la cathédrale gothique, en passant par la pyramide, l'obélisque, la ziggourat, le stupa ou la pagode.

En Égypte, la **PYRAMIDE** était une « montagne de lumière », qui incarnait les forces créatrices du Soleil et l'immortalité de son représentant terrestre, le pharaon, dont elle était la sépulture. A l'origine, la pyramide avait la forme d'un carré – mastaba –, symbole de la colline qui émergea des eaux primordiales et permit à la vie de se développer. L'édifice fut ensuite surélevé : la première pyramide à degrés, construite à Saqqarah par Imhotep, architecte et grand-prêtre d'Héliopolis, était constituée de six mastabas, de taille décroissante, empilés les uns sur les autres.

## STUPAS ET PAGODES

A l'origine, le **STUPA** était un édifice destiné à abriter les reliques du Bouddha ; avec le temps, il est devenu à la fois le symbole de Bouddha et celui du cosmos. Il repose généralement sur un socle carré qui représente les vêtements de Bouddha (la Terre), surmonté d'une demi-sphère, qui figure son bol de mendiant (l'Œuf cosmique). L'ensemble est traversé par le bâton de Bouddha (l'Axe du monde) qui dépasse au sommet, quelquefois pourvu de parasols (symboles du Ciel). Le stupa évoque l'élévation de Bouddha et sa sortie du cycle des renaissances. Au Tibet, le stupa reproduit les cinq éléments : la terre (carré), l'eau (cercle), le feu (triangle), l'air (demi-sphère) et la « goutte flamboyante » (éther).

La **PAGODE** symbolise une élévation spirituelle progressive. Très répandue dans les pays d'Extrême-Orient (Chine, Japon, Inde, Birmanie), elle comporte souvent sept étages et est octogonale. Les plates-formes de taille décroissante représentent les marches de la montagne sacrée qui relie la Terre au Ciel, et les différents niveaux d'initiation. Le mot « pagode » serait dérivé d'un terme sanscrit signifiant « du divin ».

*La pagode représente l'élévation spirituelle. Ses sept étages correspondent aux niveaux d'initiation (pagode Thieu Mu, Viêt-nam).*

*Dans la tradition hébraïque, la tour de Babel, gigantesque ziggourat (peut-être 90 mètres de haut), est le symbole de l'orgueil et de la folie des hommes, désireux d'atteindre le ciel.*

Tombeau du pharaon Djoser, le monument comportait une multitude de chambres mortuaires. Les véritables pyramides, comme celle de Guizeh, ne furent réalisées que bien plus tard. Leur sommet était recouvert d'un enduit calcaire qui, sous l'effet du soleil, brillait comme de l'or – métal constituant, chez les Égyptiens, la chair des dieux. Ces constructions gigantesques – la pyramide de Khéops, l'une des Sept Merveilles du monde, a une hauteur de 137 mètres – témoignent non seulement de la puissance des pharaons, mais aussi de leur volonté de vaincre la mort.

Les **ZIGGOURATS**, temples des anciens Babyloniens en forme de pyramide à degrés, constituaient d'autres montagnes sacrées. Construites entre 2200 et 500 av. J.-C., elles comportaient généralement sept plates-formes, de taille décroissante et de couleur différente, correspondant aux sept cieux et aux sept niveaux d'initiation. Surmontées d'un sanctuaire qui faisait également office d'observatoire, ces tours, qui mesuraient près de 100 mètres de haut, devaient servir d'escalier aux dieux descendant sur terre. Les ziggourats symbolisaient une purification spirituelle progressive. Celles que l'on trouve en Amérique centrale ont la même signification.

Le **TABERNACLE**, tente-sanctuaire qui abritait l'Arche d'alliance (coffre en bois renfermant les Tables de la Loi sur lesquelles étaient gravés les Dix Commandements), comprenait deux salles séparées par une toile. Dans la première se trouvaient l'autel des parfums, où de l'encens brûlait nuit et jour, les douze pains de proposition offerts à Dieu et le chandelier à sept branches. L'Arche était conservée dans la seconde salle.

La **COLONNE** est un symbole de stabilité et de solidité. Elle est fréquemment associée à l'Axe du monde ou à l'Arbre de vie. En Égypte, la stèle *Djed* (une colonne surmontée de quatre chapiteaux) représente la colonne vertébrale du dieu Osiris et symbolise sa victoire sur le dieu du Chaos, Seth. Éa, le dieu assyro-babylonien, était lui aussi figuré par une colonne – coiffée d'une tête de bélier.

En Égypte, l'**OBÉLISQUE** représentait Benben, la première manifestation de Râ, le dieu du Soleil. Cette colonne surmontée d'un pyramidion doré était comparée à un rayon de soleil pétrifié.

*Dans les contes et légendes, un château évoque la quête spirituelle (le Graal) ou représente la chasteté.*

# Lampes et ustensiles

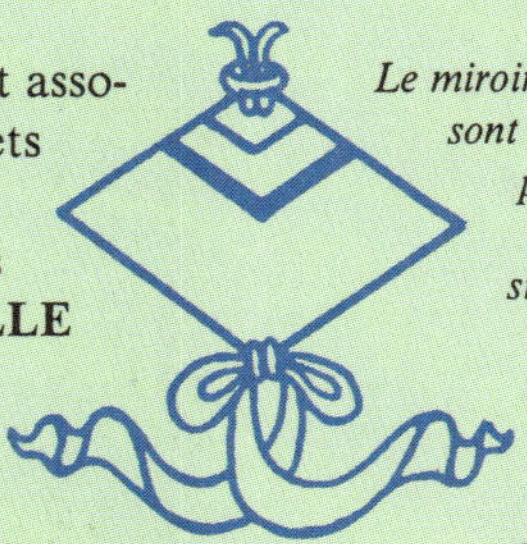

*Le miroir, dont les pouvoirs talismaniques sont réputés, est l'un des huit objets précieux des bouddhistes chinois. C'est aussi un symbole de sincérité et de bonheur conjugal.*

Le symbolisme de la lumière est associé à un grand nombre d'objets fabriqués. Image de la flamme spirituelle éclairant les ténèbres de l'ignorance, la **CHANDELLE** revêt une signification importante dans le rituel chrétien, qu'elle représente le Christ, l'Église, la joie ou la foi. Sur le plan individuel, la flamme que l'on peut éteindre d'un souffle symbolise la vie.

La **LAMPE** ou la **LANTERNE** figure l'esprit ou la vérité. Dans les *Mille et Une Nuits*, la lampe magique qu'Aladin laisse rouiller représente notre vie spirituelle que le conte nous engage à ne pas négliger. Dans les sanctuaires, les lampes incarnent à la fois la présence divine et la dévotion des croyants. Dans les œuvres d'art, elles sont un symbole de veille.

Simple ustensile de toilette, le **MIROIR** est associé à un grand nombre de notions (la vérité, la connaissance de soi, la pureté, l'illumination et la divination) qui s'expliquent par sa mise en relation avec la lumière : le miroir, qui reflète la Lune et le Soleil, finit par se confondre avec eux et par devenir leur représentant sur terre. Bien que, en Occident, les miroirs soient considérés comme les accessoires des êtres futiles, orgueilleux ou sensuels, ils suggèrent aussi la vérité sans fard. En Asie, et plus particulièrement au Japon, ce sont des instruments d'introspection, de connaissance et de sagesse. Presque partout, les miroirs ont été dotés de pouvoirs magiques et associés aux pratiques divinatoires. A la différence des boules de cristal, ils passent pour révéler non seulement le présent ou l'avenir, mais aussi le passé. D'après une croyance très répandue, le miroir retiendrait une partie de l'âme de celui qui s'y regarde : ce serait l'origine de la vieille superstition selon laquelle on s'expose à sept ans de malheur lorsqu'on en casse un.

*La menora, le chandelier à sept branches, est le plus ancien emblème du peuple juif. Il est décrit pour la première fois dans l'Exode (25 :31-38). Ses branches correspondraient aux sept planètes, aux sept jours de la semaine et aux sept cieux.*

On dit encore que les créatures infernales meurent si elles surprennent leur reflet dans un miroir (allusion probable au basilic dont le regard tue), ou au contraire que ces esprits des ténèbres n'ont pas de reflet.

Les **VASES**, les **COUPES** et les **URNES** sont souvent des symboles de la vie éternelle dans les pratiques funéraires ou dans les œuvres d'art. Le **CALICE**, associé au mystère du Graal (la coupe qui recueillit le sang du Christ), symbolise, comme le chaudron des Celtes, la quête spirituelle et la rédemption. Le breuvage qu'il contient est à la fois un élixir d'immortalité et un puits de connaissance.

Dans l'Ancien Testament, la **CHARRUE** est un symbole de paix. Plus généralement, elle représente la fécondité. Lors de son intronisation, l'empereur chinois ouvrait un sillon dans la terre en gage de prospérité. Le **JOUG** est un symbole d'oppression et d'humiliation depuis que les Romains, vaincus par les Samnites en 321 av. J.-C., durent passer sous un joug dressé dans le défilé des Fourches caudines.

---

## LE CHAUDRON MAGIQUE

Les pouvoirs magiques attribués au chaudron lui viennent probablement des quantités surprenantes de nourriture qu'il peut contenir et transformer en chef-d'œuvre gastronomique. De là à penser qu'il peut produire des miracles, il n'y a qu'un pas, qui fut vite franchi, notamment par les Celtes. Le bien le plus précieux de Dagda, le dieu irlandais de la Sagesse, de la Magie et de la Fertilité, est ainsi un chaudron d'abondance qui ne se vide jamais ; il contient non seulement de quoi nourrir l'humanité tout entière, mais encore le savoir universel. Les Gallois, quant à eux, possèdent un chaudron de résurrection qui ramène à la vie les défunts.

Dans la mythologie grecque aussi, le chaudron est associé à l'immortalité. Pour rajeunir leur père, les filles de Pelée, le roi d'Iolcos, trompées par la sorcière Médée, le dépècent et jettent les morceaux dans un chaudron, provoquant sa mort. Thétis, la mère d'Achille, perd successivement ses six premiers enfants, qu'elle plonge chaque fois dans un chaudron pour voir s'ils ont hérité de son immortalité ou s'ils sont mortels comme leur père. Dans une légende d'Asie centrale, c'est encore un chaudron magique, suceur de sang, que le héros doit aller chercher au fond de l'océan. Symbole d'initiation, d'épreuve ou de punition, le chaudron est également un instrument de supplice, dans lequel les Chinois faisaient bouillir les criminels ou les suspects, à titre d'ordalie.

*Parmi les supplices infligés aux martyrs chrétiens figurait l'immersion dans de l'eau bouillante. Saint Jean-Baptiste aurait triomphé de cette épreuve.*

# *Armes*

*La lance que tient ce prince italien du XVe siècle faisait partie de l'arsenal des chevaliers, qui se caractérisaient par leur maîtrise des armes et des chevaux.*

Aux premiers temps de l'humanité, l'insécurité était telle que détenir une arme était une question de vie ou de mort. Mais les armes n'évoquent pas seulement des valeurs guerrières, car beaucoup d'entre elles servaient aussi d'outils et ont été, de ce fait, associées au progrès et à la connaissance : dans les contes et légendes, les héros ont presque toujours des épées ou des boucliers magiques. Bien souvent, les armes sont également des instruments de justice ou des attributs du pouvoir. Des armes brisées ou en flammes sont un symbole de paix.

Associé au tonnerre et à la foudre, arme des dieux guerriers et synonyme de force brutale, le **MARTEAU** est aussi l'outil des dieux forgerons. Ainsi, dans les mains d'Héphaïstos, le dieu grec de la Forge (Vulcain, dans le panthéon romain), le marteau est l'instrument du savoir-faire divin, un symbole de la force créatrice qui façonne le métal et lui donne sa forme. C'est en ce sens qu'il figure parmi les attributs du Maître de la Loge maçonnique. Le marteau est encore l'outil avec lequel Daikoku, le dieu japonais du Bonheur et de la Prospérité, fait jaillir de l'or. Dans l'iconographie hindoue, il représente le moyen de détruire le Mal.

Le **BÂTON** a la même ambivalence et figure, dans les œuvres d'art, soit la force brutale, soit le courage.

La **HACHE** est un symbole presque universel de pouvoir, associé aux anciens dieux du Tonnerre et de la Foudre. Les éclairs, sifflements et étincelles qu'elle produit en s'abattant expliquent aisément ses liens avec la foudre, réputée pour son influence sur la pluie et son action fertilisante. Dans certaines régions d'Afrique, on enterrait des haches de pierre, afin de favoriser la germination. La hache est aussi un instrument sacrificiel ; dès l'âge du bronze, elle a servi à immoler de grands animaux, comme des bœufs ; on l'a également utilisée pour décapiter des saints, comme Matthieu ou Barnabé, dont elle est l'attribut. La hache représente la capacité à trancher : pour les bouddhistes, elle rompt le cycle des renaissances ; en Chine,

*Pour les Celtes, le marteau, outil bruyant, évoquait le tonnerre et, par extension, la pluie ou le dégel du printemps, synonymes de fertilité.*

elle symbolise le rapprochement des familles après un mariage (lequel implique d'abord une séparation, les fiancés quittant leur milieu d'origine) ; dans la mythologie grecque, elle ouvre le crâne de Zeus, d'où naît Athéna. La hache à double tranchant que l'on trouve sur certains édifices minoens invoque la protection de Zeus.

La **LANCE** était l'arme de la cavalerie jusqu'au XX^e siècle. Elle est reliée à la chevalerie et à la passion du Christ, qu'un centurion romain transperça de sa lance. Symbole phallique, elle représente l'autorité de l'État et le pouvoir juridique.

*Subramanja, dieu de la Guerre hindou, monte un paon et tient une arme dans chacun de ses multiples bras, qui représentent son caractère invincible.*

Le **TRIDENT** est l'emblème de Neptune, dieu romain de la Mer (Poséidon, dans le panthéon grec). Le trident était, avec le filet et le poignard, l'une des armes des rétiaires. Pour les hindous, il symbolise Shiva, les trois pointes figurant les trois aspects de la manifestation (création, être, destruction). Dans la tradition chrétienne, il est l'attribut des démons et l'instrument du châtiment.

---

## L'ARC ET LA FLÈCHE

L'**ARC** représente les ressources cachées, la volonté, l'ambition, le pouvoir – temporel ou divin – et l'énergie, surtout sexuelle. Seule arme de jet pendant des millénaires, il symbolise bien entendu la guerre et la chasse, mais le sang-froid que requiert son utilisation l'associe à bien d'autres notions. En Orient, il représente un exercice spirituel et constitue l'une des disciplines des samouraïs. L'arc a aussi une valeur d'examen de passage ou sert de critère de sélection : dans l'*Odyssée*, Ulysse doit tendre un arc pour se faire reconnaître. Attribut d'Apollon, l'arc figure le pouvoir fécondant du Soleil. Tendu par Cupidon, il symbolise le désir sexuel.

*Le triomphe de l'Amour est l'un des thèmes préférés de l'art de la Renaissance, mais, dans ce tableau de Gherardo, l'Amour est vaincu par la Chasteté, dont le bouclier est si résistant que les flèches s'y brisent.*

La **FLÈCHE** évoque principalement une pénétration, qu'elle apporte un rayon de soleil, un poison ou de l'amour (divin ou humain). Tirée par un ange, elle projette parfois la foudre ou la peste, en signe de la colère divine. Chez les peuples amérindiens, des flèches brisées représentaient la paix.

En Sibérie, les flèches empennées sont un symbole d'ascension, les plumes servant à la fois à stabiliser le projectile et à le doter magiquement de la légèreté d'un oiseau. Au Japon, les flèches ont le plus souvent une forme phallique.

Arme offensive et défensive, l'**ÉPÉE** est un symbole d'autorité, de justice et de lumière. Certaines épées, au poids parfaitement équilibré, étaient fabriquées dans un métal si dur, leur lame était si bien aiguisée qu'elles rendaient leur propriétaire, s'il savait s'en servir, pratiquement invincible. On leur a, de ce fait, attribué des pouvoirs surnaturels, et les contes et légendes de tous les pays du monde sont émaillés d'innombrables épées magiques. Excalibur, que la Dame du Lac, dans la légende du roi Arthur, remet au jeune souverain, fait partie de ces épées merveilleuses qui donnent à leur détenteur un pouvoir surhumain. Elles ne peuvent être maniées que par un homme au cœur pur et à la conduite irréprochable.

*Un chevalier de la Table ronde vient de rapporter à la Dame du Lac Excalibur, l'épée magique que la jeune femme avait confiée au jeune roi Arthur, que l'on voit ici à la fin de sa vie (miniature française du XIV^e siècle).*

Dans le monde chrétien, l'épée est l'instrument de la justice divine. Elle est le glaive de feu brandi par les anges qui gardent le jardin d'Éden et empêchent Adam et Ève d'entrer (Genèse 3 : 24). Elle est également l'épée de l'archange saint Michel terrassant les démons, et encore l'expression de la vérité divine lorsque, dans l'Apocalypse, elle jaillit de la bouche du Christ (1 : 16). Ici, le Verbe divin, sous la forme d'une épée à double tranchant, devient une arme. On retrouve une idée analogue dans l'hindouisme, où le dieu Vishnou est représenté avec une épée flamboyante qui figure le savoir, symbole de la connaissance qui dissipe l'ignorance, et proche du *vajra* d'Indra qui éclaire le monde, et de l'épée de Bouddha qui se propose de défaire le royaume des ténèbres.

L'épée est en outre investie d'un caractère sacré dans la chevalerie : elle est un symbole de pouvoir lors de la cérémonie de l'adoubement qui consacre le chevalier, et un instrument de la guerre sainte lors des croisades. Dans les chansons de geste, l'épée, fabriquée par les fées, semble animée d'une vie propre et porte même un nom – par exemple, l'épée de Roland s'appelle Durandal.

Au Japon, l'épée est l'arme sacrée des samouraïs. Issue de la queue d'un dragon à huit têtes tué par le dieu de l'Orage, Susanowo, elle figure, avec les perles et le miroir, dans le trésor impérial.

Dans l'alchimie, l'épée, dont la forme évoque une flamme, est l'emblème du feu purificateur. Le grand médecin et alchimiste Paracelse (1493-1541) avait une épée magique, Azoth.

L'épée est un symbole de chasteté lorsqu'elle sépare un homme et une femme côte à côte.

L'épée de Damoclès évoque un danger permanent. Dans les croyances populaires, une épée qui tombe de son fourreau annonce la mort d'un proche.

*Le cimeterre que tient ce prince mongol est un symbole de vertu militaire et de pouvoir.*

# *Arche, roue et char*

Dans la plupart des cosmogonies, on trouve le récit d'un déluge qui détruit tout sur son passage en ne laissant qu'un survivant réfugié sur un vaisseau – l'**ARCHE** –, renfermant les différentes espèces nécessaires au maintien et à la reproduction de la vie. En Inde, c'est Manu qui, sur les conseils de Brahma, construit un bateau ; en Mésopotamie, l'unique rescapé s'appelle Utanapishtim, qui sait où pousse une plante qui rend immortel. Dans la Bible, c'est à Noé que Dieu dit : « Tu feras une arche en bois résineux, tu la distribueras en cellules, et tu l'enduiras de bitume en dedans et en dehors » (Genèse 6 :14).

Dans l'iconographie chrétienne, l'arche représente l'Église (qui rassemble indistinctement les saints et les pécheurs) ou le Christ sauveur. L'Arche de l'Alliance des Hébreux est un coffre en bois d'acacia recouvert d'or pur, qui contient les Tables de la Loi et atteste la présence divine. Dans l'iconographie non religieuse, l'arche incarne la Terre errant dans l'espace.

*L'arche de Noé donne aux navires toute leur dimension de refuge (manuscrit turc datant du XVI^e siècle).*

Cercle en mouvement, la **ROUE** symbolise les cycles, l'éternel recommencement ou les révolutions planétaires. Bien avant qu'elle ne soit utilisée pour se déplacer, elle était représentée sur de nombreux monuments – en Égypte, en Inde, en Palestine, mais aussi au Mexique et au Pérou –, où elle figurait le disque solaire. Quand elle était pourvue de quatre rayons, elle symbolisait les quatre points cardinaux ou le cycle des saisons. La rouelle que portaient les Gaulois en amulette comprenait, à l'origine, six branches ; celles-ci furent, par la suite, transformées en X (khi) et P (rho), pour figurer les initiales du Christ et faire de la roue solaire l'emblème chrétien, le chrisme. Avec l'avènement des chars et les conquêtes militaires, la roue devint un symbole du pouvoir en de nombreuses régions du monde, ainsi que l'attribut de beaucoup de divinités particulièrement puissantes ou associées au Soleil : en Grèce, Apollon – le dieu du Soleil – et Dionysos – le dieu du Vin et de l'Extase ; en Inde,

*La roue de ce moulin à prières tibétain évoque le cycle des naissances, morts et renaissances.*

Vishnou – le dieu qui donne au monde sa cohésion ; au Proche-Orient, Baal – divinité du Ciel et de la Terre ; en Mésopotamie, Utu (Shamash) – dieu du Soleil et de la Justice. Dans la Bible, des roues sont mentionnées dans plusieurs visions d'Ézéchiel : elles symbolisent l'omnipotence divine et l'inexorabilité des lois morales.

En Orient, la roue renvoie aux cycles des morts et des renaissances. La roue de la Loi (Dharmachakra) est l'un des principaux symboles des bouddhistes. Ses huit rayons figurent les huit voies permettant d'accéder au savoir et d'échapper à la souffrance. La roue de l'Existence des Tibétains, à six rayons, représente les différents états de l'Être – qui se succèdent inéluctablement.

Les centres d'énergie psychique qui, dans le bouddhisme et le tantrisme, se situent le long de la colonne vertébrale, sont assimilés à des roues (sens du mot sanscrit *chakra*), et la plupart du temps figurés par des lotus. En Occident, la **ROSACE** allie le symbolisme de la roue à celui de la rose.

**CHARIOTS DE FEU**

Dans l'iconographie de l'Antiquité, le chariot représente la capacité à gouverner ; il est souvent utilisé pour figurer la toute-puissance et la mobilité des divinités et des héros, ou l'autorité spirituelle des chefs religieux. Véhicule des guerriers, le char est partout synonyme de conquête militaire et de victoire.

Pour les hindous et les platoniciens, le char est une évocation de l'ego : le cocher (esprit) utilise les rênes (volonté et intelligence) pour maîtriser les chevaux (force vitale) qui tirent le char (corps). C'est dans un char de feu qu'Élie, le prophète, est transporté au Ciel, comme pour figurer la primauté de l'esprit sur le corps, nécessairement détruit lors de l'ascension. En Chine, le char est l'image de l'univers : le plancher représente la Terre, le dais le Ciel, et le mât l'Axe du monde.

Le symbolisme de la roue fait du char le véhicule des divinités solaires (Apollon ou Zeus), mais aussi lunaires (Diane). Parce que son roulement évoque le tonnerre, le char est également le véhicule de Thor et autres dieux de l'Orage. Dans l'iconographie, les entités ou les animaux tirant le char permettent souvent d'identifier le cocher. La Chasteté est conduite par des licornes, l'Éternité par des anges, la Mort par des bœufs noirs, et la Gloire par des éléphants.

*Le chariot de Vénus, tiré par six colombes – attributs habituels des déesses de l'Amour –, évoque l'étendue de ses pouvoirs (illustration du* Roman de la Rose, *XIV*e *siècle).*

# *Vêtements et accessoires*

La rapidité avec laquelle une **CAPE** ou un **MANTEAU** peut modifier une silhouette en a fait des symboles de métamorphose et a inspiré un très grand nombre de légendes : ainsi, en Irlande, différentes divinités – le dieu du Soleil, Lug ; le dieu de la Mer, Manannan – possèdent des manteaux magiques qui rendent invisible ou apportent l'oubli. La cape ou le manteau que revêtent les religieux symbolise le renoncement au monde ou aux biens matériels. Dans les bandes dessinées, la cape est souvent l'attribut des espions.

*Ce casque japonais symbolise le pouvoir invisible de la pensée.*

Tout comme le manteau des dieux irlandais, le **CASQUE** d'Hadès, le dieu des Enfers grecs, rend invisible. C'est coiffé de ce casque que Persée pourra s'approcher de la Gorgone Méduse, qui a le pouvoir de changer en pierre tous ceux dont elle croise le regard. Le casque

## LES CEINTURES

La ceinture n'est pas seulement un lien ou une corde, destinés à ajuster les vêtements (ce qui en fait un symbole de chasteté) ; elle sert aussi à porter des armes, des vivres ou des outils. Elle peut révéler une fonction sociale, un engagement – par exemple, celui du soldat (le ceinturon) ou du maire (l'écharpe). Nouer sa ceinture, c'est en effet faire preuve d'énergie, se préparer à l'action. En revanche, dénouer sa ceinture, c'est renoncer à combattre ou inviter aux plaisirs. La ceinture, qui marque une rupture entre le haut (l'esprit, le cœur) et le bas du corps (les organes génitaux), est aussi reliée à la sexualité, qu'elle soit ceinture de chasteté ou ceinture de séduction (la ceinture magique de la déesse Aphrodite, réputée pour rendre sa détentrice irrésistible). La cordelière des moines est un symbole de privation, correspondant aux vœux de chasteté et de pauvreté, et fait également allusion aux liens et au supplice du Christ. Comme les anneaux, les ceintures sont souvent dotées de pouvoirs talismaniques. Il existait, par exemple, des ceintures censées faciliter l'accouchement.

*Le cordon de moine franciscain comporte trois nœuds qui symbolisent les vœux de chasteté, de pauvreté et d'obéissance (peinture du XIII^e^ siècle).*

*Le bonnet phrygien, porté par les hommes libres dans la Grèce de l'Antiquité, est devenu, en France, le symbole de la liberté (Eugène Delacroix,* La Liberté guidant le peuple*).*

qui protège la tête, siège de la pensée, est ici un symbole d'invulnérabilité.

Dans l'Antiquité, le **CHAPEAU** était fréquemment associé au pouvoir ou à la sagesse, en particulier s'il était haut et avait une forme conique. Le chapeau pointu du magicien symbolisait les pouvoirs surnaturels. Les chapeaux d'âne et de bouffon en constituaient les caricatures.

Le **TURBAN** distingue le musulman de l'incroyant. Il incarne aussi la dignité.

Image de la main, le **GANT** symbolisait l'action et le pouvoir, surtout à l'époque où les gants n'étaient portés que dans les classes aisées. La coutume consistant à jeter un gant pour lancer un défi (et, plus tard, d'en souffleter le visage de son détracteur) remonterait au Moyen Age. Il était également d'usage d'ôter le gant de sa main droite pour faire acte d'allégeance et signifier à son interlocuteur qu'il n'avait rien à craindre.

L'**ANNEAU** est un symbole important. De forme circulaire, il incarne la perfection, le pouvoir, la protection, l'engagement et l'éternité – ce qui donne tout leur sens aux alliances qu'échangent les époux. Dès les premiers temps de l'humanité, l'anneau a représenté l'autorité ou la puissance absolue.

Les anneaux les plus anciens que l'on ait retrouvés sont des cachets égyptiens montés en bague et qui comportent parfois des amulettes représentant un scarabée, symbole de la vie éternelle. L'anneau pontifical, dit « anneau du pêcheur », comporte lui aussi un sceau, qui représente l'apôtre Pierre remontant un filet (allusion au pêcheur d'âmes). Signe d'engagement, l'anneau scelle également l'union mystique de la religieuse avec Dieu. Les anneaux sont fréquemment dotés de pouvoirs magiques. Ils procurent l'invisibilité ou la richesse, protègent des démons ou des maladies, attirent l'amour ou favorisent l'activité intellectuelle. A en croire la légende, la sagesse de Salomon lui venait de son anneau.

*Symbole de la vie éternelle, le scarabée, monté ici sur un bracelet, ornait souvent les bagues et autres accessoires mortuaires égyptiens.*

# *Masques*

Les masques permettent de changer d'identité de façon extraordinaire. Masques de théâtre ou de carnaval, de chaman ou d'initié, ils donnent une forme concrète à des notions abstraites, ou une présence à des êtres absents. Depuis les temps les plus reculés, on les a employés pour conférer un caractère sacré à un événement ou à une entité. Le visage dissimulé sous un masque, les Anciens pouvaient mimer la Création du monde ou incarner le plus grand de leurs héros. Le temps de la représentation, le groupe échappait au quotidien et, en reliant le présent au passé, consolidait son identité.

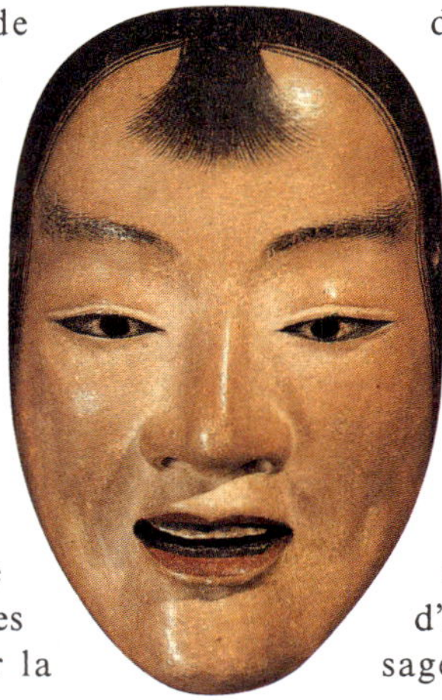

*Dans le théâtre japonais nô, les couleurs des masques ont des significations bien précises – le rouge évoque la vertu, le blanc la corruption, le noir la bassesse. Les masques représentent les différents traits du caractère humain.*

Les premiers masques étaient probablement destinés à capter et à neutraliser l'esprit de l'animal que l'on venait de tuer. Plus tard, ils prirent une valeur totémique, la tribu s'identifiant avec un animal particulier, mis sur le même plan qu'un ancêtre ou bien considéré comme tel. Faisant souvent l'objet d'un interdit alimentaire, l'animal sacré, devenu le protecteur de la tribu, était invoqué pour effrayer les démons, vaincre les ennemis, rester en bonne santé ou encore éloigner l'esprit des défunts. Chez les Iroquois, les danses masquées passaient pour combattre efficacement les maladies envoyées par le méchant frère jumeau du dieu créateur.

Le rôle des masques est très important dans les rites d'initiation de certains peuples, notamment chez les Indiens d'Amérique du Nord, en Mélanésie ou en Afrique. Ils marquent le changement de statut, voire d'identité, que représente le passage de l'adolescence à la vie adulte. Dans les îles Aléoutiennes, un masque représentant un crâne permettait de se familiariser avec l'idée de la mort.

A Mycènes, les masques mortuaires de métal doré avaient pour but de cacher la décomposition des visages. En Égypte, ils aidaient les âmes à reconnaître le corps dont elles étaient issues.

Les masques de théâtre remontent aux fêtes dionysiaques, où les adeptes personnifiaient Dionysos.

Les masques destinés à effrayer les démons existent toujours en Chine : lors du Nouvel An, on promène dans les villes des dragons de papier à l'aspect redoutable.

Le masque est aussi, bien évidemment, lié à la dissimulation et à l'illusion. Dans l'iconographie occidentale, il représente le mensonge et le Mal.

*Ci-contre : ce somptueux masque chinois de procession dérive des anciens masques destinés à éloigner les démons.*

# *Emblèmes de pouvoir*

La **COURONNE**, qui distingue, honore et consacre un être d'élite, est l'un des symboles de pouvoir temporel et spirituel les plus répandus. Au départ, elle était constituée par une simple guirlande de feuillage qui alliait le symbolisme du cercle (la perfection) à celui de l'anneau (l'éternité). Puis on l'agrémenta de pointes figurant les rayons du soleil, de fleurs – roses, notamment –, de fruits, de drap d'or, de bijoux, et on finit par remplacer le branchage par un métal précieux. Bien souvent, les différents éléments entrant dans la composition d'une couronne ont un sens précis. En Égypte, par exemple, une plume d'autruche symbolisait la vérité. Les casques ont suivi la même évolution et ont été dotés de plumes ou de cornes, qui expriment un désir d'élévation et de puissance. La couronne d'épines du Christ est devenue la couronne des martyrs.

*La couronne de griffes d'ours et le bâton totémique donnaient au chaman un grand prestige spirituel. Leur valeur protectrice dépendait des animaux auxquels ils étaient reliés.*

Les **TRÔNES**, sièges surélevés magnifiquement ornés, permettent aux souverains de renforcer leur autorité en se plaçant plus haut que leurs sujets tout en se rapprochant du Ciel et du divin. Quelques marches et un baldaquin (image de la voûte céleste) ajoutent à la majesté du trône. Les décorations – plumes d'aigle ou de paon, pierres précieuses, ou encore lions sculptés – rehaussent l'éclat et le prestige du siège royal.

Ensemble de baguettes liées autour d'une hache, les **FAISCEAUX** – portés par des officiers, les licteurs, qui annonçaient ainsi l'arrivée de magistrats de très haut rang – symbolisaient, dans la Rome de l'Antiquité, le pouvoir de l'État. Mussolini en a fait l'emblème du fascisme italien.

En Égypte, le **FLÉAU**, outil agricole servant à battre les céréales, constitué de deux bâtons reliés par des courroies, représentait l'autorité, la justice et la fertilité. Son symbolisme était très proche de celui du **FOUET**, également associé à la fécondité, notamment à Rome où, lors des Lupercales (fêtes célébrées le 15 février), les prêtres frappaient avec des lanières découpées dans des peaux de bouc toutes les femmes qu'ils rencontraient pour les rendre fécondes. Dans les mains du Christ, qui s'en servira pour chasser les marchands du Temple, le fouet devient un symbole de pouvoir spirituel. En Afrique, en Chine et en Inde, le chasse-mouches a un sens identique à celui du fléau.

*Lors des jeux Olympiques, les vainqueurs portaient des couronnes de feuillages différents selon le dieu invoqué : l'olivier représentait Zeus, le pin Poséidon, le laurier Apollon.*

Instrument des sourciers, des devins, des druides et des fées, la **BAGUETTE** symbolise les pouvoirs surnaturels ou magiques. Le **CADUCÉE**, bâton autour duquel s'enroulent deux serpents entrelacés, est l'attribut du messager des dieux, Mercure, et l'emblème des ambassadeurs et des voyageurs. Le caducée est aussi un symbole de paix, l'enroulement des deux serpents autour de la baguette (l'Axe du monde) figurant la pacification de forces antagonistes. Pourvu d'un seul serpent, le caducée devient l'emblème de la médecine, en hommage à Esculape, qui ressuscitait les morts en leur inoculant du venin.

*Chez les alchimistes occidentaux, le sceptre représente le pouvoir du feu (manuscrit germanique, XVII^e siècle).*

A l'origine symbole de fécondité et de génération, le **SCEPTRE** (ou la **CROSSE**) est, comme la couronne, l'emblème d'un pouvoir spirituel ou temporel. En Égypte, le sceptre des pharaons portait à son extrémité la tête de Seth, le dieu du Mal, chargé de punir les criminels. D'autres sceptres (le sceptre de diamant bouddhiste, le *vajra* hindou, le *dorje* tibétain) sont reliés à la force créatrice-destructrice du tonnerre, et symbolisent à la fois la sagesse et la souveraineté. Un sceptre portant une sphère à son sommet représente une autorité étendue au monde entier.

Le **GLOBE** (ou l'**ORBE**) est un emblème de pouvoir – de nature divine ou impériale – remontant au moins à la Rome de l'Antiquité. Symbole de l'univers, comme toutes les sphères, c'est aussi, dans l'iconographie, l'attribut de personnages représentant la gloire, la vérité, la justice, la philosophie...

*L'orbe surmonté d'une croix que tient dans sa main gauche Alexis Mikhaïlovitch (1629-1676), tsar de Russie, représente le pouvoir spirituel, tandis que le sceptre incarne le pouvoir temporel.*

# *Instruments de musique*

Dans plusieurs traditions, la musique est reliée à la manifestation de la voix divine ou au Verbe qui créa l'univers, notamment en Inde, où le son est considéré comme la vibration de l'énergie primordiale qui donna naissance au monde.

Dans les sociétés archaïques, la musique avait essentiellement pour but de communiquer avec les forces surnaturelles et consistait surtout à imiter le bruit du tonnerre ou de la pluie pour faire tomber l'eau céleste. L'invention de nouveaux instruments de musique, plus perfectionnés, et la découverte des tons et des demi-tons révolutionnèrent la conception de la musique, qui devint le symbole de l'harmonie de l'univers. En Chine comme en Grèce, on la considérait comme la traduction sonore de rapports mathématiques. Pythagore (570-480 av. J.-C.) posa les fondements de la « musique des sphères » (sons harmonieux émis par chaque planète) que Kepler (1571-1630) développa des siècles plus tard. Les Chinois décomposèrent la gamme en douze demi-tons *(lius)*, avec alternance de *lius* yang et de *lius* yin, la musique devenant ainsi un symbole des forces antagonistes et complémentaires qui maintiennent l'univers.

Les instruments de musique sont souvent des symboles de paix ou d'amour. Pour les musulmans et les hindous, le son de la **CLOCHE** matérialise la présence divine. Pour les chrétiens du Moyen Age, il passait pour effrayer les démons, censés redouter tout particulièrement l'angélus. Dans le même ordre d'idée, en Chine, on attachait des grelots aux pieds des enfants pour éloigner les forces maléfiques. Les cloches, réputées faire fuir les sorcières responsables du mauvais temps, passaient également pour protéger de la foudre et de la grêle. De nombreuses légendes prêtent aux cloches, dont la forme évoque la voûte céleste et qui sont souvent représentées avec des ailes, le pouvoir de voler. On raconte d'ailleurs que les cloches partent de Rome le Jeudi saint et n'en reviennent que le Samedi saint, chargées d'œufs de Pâques. Sur le plan pratique, les cloches servaient autrefois à donner l'alarme. En cas d'incendie, de

*A l'inverse du* vajra *(foudre), la clochette représente, dans le bouddhisme tibétain, le monde de la manifestation et le principe féminin (bronze tibétain du* XVII*[e] siècle).*

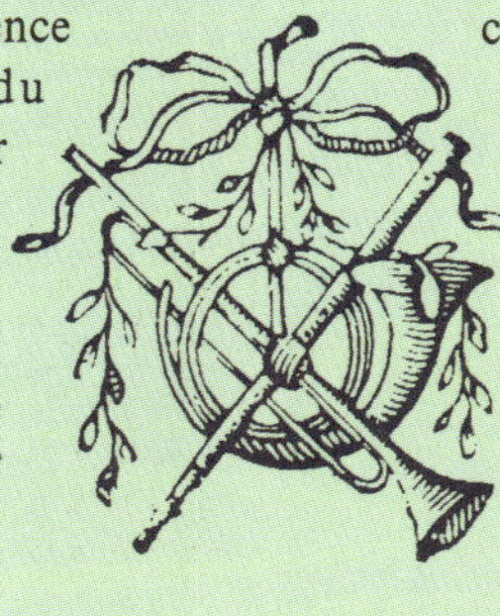

*Dans les œuvres d'art, les trompettes représentent la gloire ou le Jugement dernier. Elles sont aussi l'attribut des hérauts.*

déclaration de guerre ou d'émeute, on sonnait le tocsin, dont le tintement lugubre s'entendait de loin. Un décès était annoncé par le glas, une noce par le joyeux son des carillons. Dans la mythologie grecque, les clochettes évoquent le bonheur ou le plaisir sexuel ; elles sont l'attribut de Priape. La cloche, associée au glas, représente parfois notre condition d'êtres mortels.

Le son du **TAMBOUR**, qui est peut-être l'instrument de musique le plus ancien, représente, dans l'hindouisme et le bouddhisme, la vibration primordiale qui est à l'origine de la vie. Instrument à percussion, le tambour symbolise le pouvoir de Shiva, qui crée et détruit les mondes au rythme de ses pas. Il est également associé au grondement du tonnerre et, de ce fait, il constitue en Inde l'attribut d'Indra, le dieu de l'Orage et de la Pluie. Dans les sociétés primitives, en Asie et en Afrique notamment, il était d'usage de battre le tambour pour faire venir la pluie. Le tambour a également une utilisation militaire : son bruit sourd et prolongé vise autant à effrayer l'ennemi qu'à entretenir l'agressivité des guerriers. Chez les chamans, ses roulements favorisaient la communication avec les esprits.

La **TROMPETTE** est associée aux événements les plus graves de l'existence – cérémonies officielles, victoire, assaut : ce sont les Romains qui eurent, les premiers, l'idée de charger l'ennemi au son angoissant des trompettes. Dans l'iconographie chrétienne, les trompettes représentent le Jugement dernier.

Emblème d'Apollon, la **LYRE** symbolise l'harmonie divine et cosmique, l'expression poétique et le pouvoir de divination. Attribuée tantôt à Hermès et tantôt à Polymnie, l'une des neuf muses, la lyre compta d'abord sept cordes (reliées aux sept planètes), puis douze (les douze signes du Zodiaque). En Chine, le **LUTH** est l'attribut des lettrés, un symbole d'harmonie conjugale, de paix et de poésie lyrique. Des luths ou des mandolines aux cordes cassées figurent la discorde.

*Symbole de la poésie, la lyre était l'instrument de Terpsichore, l'une des neuf muses grecques. Ci-contre : évocation du roi David (psautier illustré par Fra Angelico, XVᵉ siècle).*

# *Couleurs et formes*

Bien que la plupart des symboles soient figuratifs et représentent des objets ou personnages parfaitement reconnaissables, certains sont abstraits et consistent seulement en une touche de couleur ou en l'ébauche d'une forme géométrique. Des concepts très difficiles à saisir peuvent être matérialisés par un tracé d'une simplicité remarquable. Ainsi, l'idée de Dieu est souvent symbolisée par un point, où serait condensée toute l'énergie nécessaire à la création du monde. En Chine, le contraire du point – un trou, absence de matière – représente l'éternité.

Un grand nombre de formes ou de couleurs ne sont pas si abstraites qu'elles le paraissent, et nous comprenons aussitôt leur sens parce qu'elles évoquent des éléments naturels. D'emblée, nous associons le bleu au ciel ou la spirale à un mouvement. Mais les formes et les couleurs agissent également sur notre inconscient. On sait, par exemple, que le vert a des effets apaisants et que la vue d'un carré procure une impression de stabilité, ce qui laisse à penser que certains motifs correspondent à des structures fondamentales de l'esprit humain.

*Les motifs peuvent avoir une signification précise, tels les caractères cunéiformes représentés ci-dessus, ou avoir un sens symbolique, comme sur ce tapis du Cachemire (ci-contre).*

# *Svastika et spirale*

*De 1920 à 1945, le parti nazi a fait du svastika, signe de bon augure et image de la vie, un symbole de mort et de destruction. Les branches de la croix gammée « tournent » dans le sens des aiguilles d'une montre.*

Le **SVASTIKA**, ou croix gammée, tristement célèbre pour avoir été l'emblème du parti nazi, est une croix à branches coudées : c'est l'un des symboles les plus anciens et les plus répandus qui soient. Figurant un mouvement giratoire (qui évoque la rotation du Soleil ou celle de la voûte céleste), il représente l'énergie créatrice et le renouvellement perpétuel. Le svastika, dont le nom vient du mot sanscrit *svasti*, « salut », est en Inde un signe de bon augure, symbolisant la chance et la santé, sur le plan tant physique que moral. C'est d'ailleurs l'attribut de Ganesha, le dieu hindou de la Connaissance. Pour les bouddhistes, il représente la roue de la Loi.

Ce symbole, que l'on trouve en Inde (dès le IVe siècle av. J.-C.), en Mongolie, au Tibet, en Europe du Nord et au Pérou, était également en usage chez les Celtes et dans le monde gréco-romain. Image de salut, de sauveur de l'humanité, il figurait le Christ rédempteur dans les catacombes romaines.

Pour les Gaulois, il avait une valeur magique en tant que signe solaire, et ils le portaient en amulette. Chez les Scandinaves aussi, le svastika figurait parmi les talismans les plus réputés. Combiné à un disque solaire, il était, en Égypte et en Mésopotamie, un symbole de l'énergie solaire.

En dehors de son mouvement de rotation autour d'un point immobile, le svastika se caractérise par ses branches découpant l'espace en quartiers, ce qui le relie aux vents, aux saisons et aux points cardinaux, notamment en Chine.

Il convient de distinguer le svastika dont les branches sont tournées vers la gauche (le mouvement de rotation semble être inverse au sens des aiguilles d'une montre), un symbole favorable, du svastika aux branches orientées vers la droite (reposant généralement sur la pointe d'une branche et souvent enfermé dans un cercle), qui est une croix de mort et de destruction, et qui fut, sous le nom de croix gammée – parce que les extrémités des branches coudées semblent former des gamma majuscules –, l'emblème du parti nazi de 1920 à 1945.

Les nazis utilisèrent un autre symbole de puissance et de force, l'**ÉCLAIR** (zigzag), également très ancien, associé à la foudre et à la pluie, dont le pouvoir peut être créateur ou destructeur. Doublé, il devint un signe de mort, l'emblème des SS, le corps d'élite des nazis.

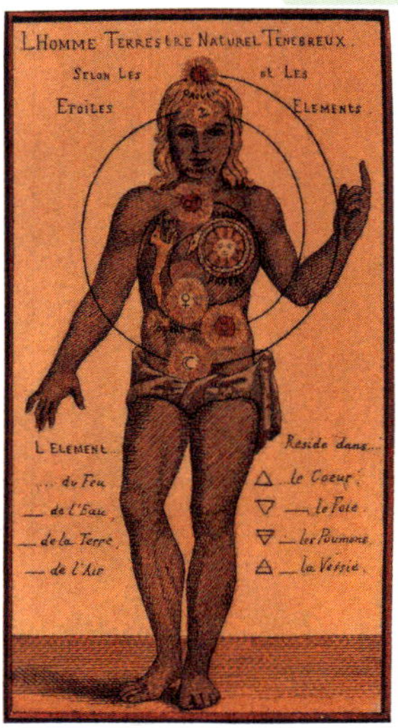


*Symbole des forces cosmiques, la spirale relie les planètes, les éléments et les différentes parties du corps.*

## LA SPIRALE

*Les spirales tatouées sur le visage de Tamati Waka Nene, chef maori, évoquent la force vitale qui déplie les feuilles de fougère enroulées au début de leur développement.*

Dès la plus haute Antiquité, la spirale a représenté le mouvement ininterrompu qui caractérise la vie, sur le plan tant microcosmique que macrocosmique. Les formes en spirale abondent dans la nature, depuis les gigantesques galaxies, composées de milliards d'étoiles, jusqu'à la structure en double hélice de l'ADN qui constitue le cœur de chaque cellule, en passant par les trombes, les remous, les cyclones, les coquilles d'escargot et les empreintes digitales.

Ces tourbillons – trombes d'eau, de feu ou de poussière – ne pouvaient qu'évoquer les forces ascendantes, descendantes ou tournoyantes qui animent le monde. Cercle en rotation, la spirale devint le symbole de l'évolution, chaque spire représentant un cycle – celui des morts et des renaissances, des saisons, de la Lune ou du Soleil. A l'instar de Kundalini, le serpent mythique de Shiva lové à la base de la colonne vertébrale de tout être humain, les anneaux enroulés des spirales évoquent la force comprimée d'un ressort qui ne demande qu'à se détendre.

La spirale déployée représente l'énergie masculine, la spirale enroulée est l'image de l'énergie féminine. Les doubles spirales, tels les serpents entrelacés du caducée, figurent l'équilibre des forces antagonistes, l'alternance du yin et du yang.

Dans les œuvres d'art, les spirales sont l'un des motifs décoratifs les plus répandus, qu'il s'agisse de la double spirale celte d'Europe du Nord, des arabesques formées par les majuscules romaines ou des feuilles de fougère qu'affectionnent les Maoris du Pacifique Sud. Les spirales gravées sur des pierres tombales préhistoriques évoquent peut-être le voyage de l'âme dans l'au-delà.

# Croix

*La croix de Malte, aux quatre branches égales, est l'emblème des Hospitaliers de Saint-Jean-de-Jérusalem, ordre fondé en 1113 pour soigner les pèlerins se rendant en Palestine.*

Bien avant de devenir l'emblème du christianisme, la **CROIX** fut, en de nombreuses régions du monde, l'image du cosmos. La croix, formée par l'intersection de deux perpendiculaires, découpe en effet l'espace en quatre. Or, quatre correspond au nombre des saisons, des éléments (Terre, Eau, Feu, Air), des directions (points cardinaux), des phases lunaires (nouvelle lune, lune croissante, pleine lune, lune décroissante). Quatre, c'est encore les deux équinoxes et les deux solstices, les âges de la vie (enfance, jeunesse, maturité, vieillesse) ou les moments du jour (aube, midi, crépuscule, nuit). Rien d'étonnant donc à ce que l'on ait trouvé des croix remontant au XVe siècle av. J.-C.

En Chine, une croix inscrite dans un carré représentait la terre et la stabilité. Entourée d'un cercle, elle figurait la roue de l'Existence des bouddhistes. En Égypte, la croix ansée (ankh) – un tau (attribut d'Osiris) surmonté d'un anneau (ovale d'Osiris) – a de tout temps symbolisé la vie éternelle. Dans un grand nombre de fresques, les dieux sont représentés avec cette « clé de vie » à la main, qu'ils semblent tendre aux humains comme un bien précieux à même de les mener sur le chemin de l'immortalité. Les Égyptiens la portaient souvent en amulette, et ils la déposaient dans la main des défunts pour implorer l'indulgence et l'aide des dieux. Croix à branches coudées donnant l'impression de tourner, le svastika (croix gammée) était aussi un symbole de vie avant que le parti nazi n'en fît un insigne de mort et d'atrocités (voir page 144). Il existait également bien avant l'ère chrétienne. Pour les Africains, la croix désignait les quatre points cardinaux et représentait le cosmos. En raison de son axe vertical (le Ciel) et de son axe horizontal (la Terre), elle leur suggérait la notion d'un carrefour reliant les chemins de la vie et de la mort.

*Se jugeant indigne de mourir sur une croix identique à celle où le Christ fut supplicié, saint André demanda une croix en forme de X, dite croix de Saint-André.*

*La croix ansée (ankh) – un tau (T) surmonté d'une anse –, symbole de vie éternelle, était l'un des motifs funéraires de l'Égypte ancienne. Les chrétiens coptes l'ont adoptée au Ier siècle.*

Une croix dont les branches se terminent par des cercles figurait la course du Soleil. Pour les Aztèques, la croix indiquait d'où venaient les vents porteurs de pluie ; c'était l'attribut de Tlaloc, le dieu de l'Orage. Certaines croix, comme celle que l'on a trouvée à Palenque, ville maya, représentaient l'Arbre de vie. La présence de croix est également attestée en Europe du Nord, où elles seraient une évocation du marteau de Thor, dieu de l'Orage et de la Fertilité.

Du temps de Jésus, le supplice de la crucifixion était réservé aux esclaves, aux criminels et aux opposants politiques, de sorte que la croix était entachée d'infamie : même après la conversion de l'empereur Constantin Ier – dont un édit établit, en 313, la liberté de culte et mit fin aux persécutions religieuses qui avaient obligé les premiers chrétiens à porter des croix dissimulées (ancre, hache, svastika, trident...) –, la présence de la croix en tant que symbole du Christ crucifié resta discrète ; l'emblème de la foi chrétienne fut, des siècles durant, le chrisme, monogramme formé par les deux premières lettres du mot Christ, khi et rho, que l'on intégrait parfois dans l'ancienne roue solaire des Celtes. Au fur et à mesure de l'extension du christianisme, le recours à la croix se généralisa, parce qu'elle permettait de conserver le symbolisme des anciennes croix tout en les dotant d'un sens nouveau – la rédemption, au travers du sacrifice du Christ.

Sur le plan pictural, les Crucifixions montrant un Christ au visage impassible firent place à des scènes d'agonie dont l'un des meilleurs exemples est le *Retable d'Issenheim*, de Grünewald (1512-1515), où l'artiste exprime la souffrance à son paroxysme. Par contraste, la représentation d'une simple croix, expression d'une souffrance humaine sublimée, devint une image consolatrice. La croix latine, où la traverse horizontale se trouve en dessous de l'extrémité de l'axe vertical, est la forme de croix la plus répandue, mais il est possible que Jésus soit mort sur une croix tau, en forme de T.

*C'est peut-être sur une croix tau, en forme de T, que le Christ fut supplicié. Ce type de croix était très répandu du temps de Jésus.*

# Cercle

Le **CERCLE**, succession de points identiques le long d'une courbe fermée, est la seule figure géométrique qui soit dépourvue de ligne brisée. En ce sens, il évoque l'unité. N'ayant ni début ni fin, il symbolise également la perfection et l'éternité. Dans l'Antiquité, on représentait par un cercle non seulement la voûte céleste et les planètes, mais aussi la trajectoire des corps célestes et le cycle des saisons. Les notions rattachées au cercle sont si fondamentales que cette figure constitue la base d'un grand nombre de symboles majeurs, notamment la roue, le disque, l'anneau, le Soleil, la Lune, Ouroboros (le serpent qui se mord la queue), la roue du Zodiaque, la Table ronde des chevaliers du Graal...

*L'Ouroboros (le serpent qui se mord la queue) symbolise l'éternel retour, la continuité et l'autarcie.*

Les nombreux cercles pourvus de rayons, d'ailes ou de flammes, que l'on trouve en Égypte, en Mésopotamie ou au Mexique, figurent le disque solaire ou les forces cosmiques. Pour les bouddhistes, les cercles concentriques correspondent aux différents degrés de l'être. Dans l'iconographie chrétienne, ils représentent la création divine, les mondes supérieurs et inférieurs. Trois cercles reliés évoquent la Trinité. C'est aussi un cercle qui englobe le taï-chi, le symbole chinois où le yin et le yang s'opposent et se complètent mutuellement dans un mouvement constant : divisé en deux parties égales par une courbe en S délimitant deux espaces de couleur différente (noire pour le yin, blanche pour le yang), le cercle est alors l'image de l'absolu. Combiné avec le carré, le cercle formerait aussi, d'après certains auteurs, un archétype évoquant les échanges continuels entre le psychisme (le cercle) et le corps ou la réalité matérielle (le carré). Cette interprétation trouve une confirmation dans les mandalas – ensemble de figures géométriques servant de support à la méditation dans le bouddhisme et le brahmanisme –, où des carrés inscrits dans des cercles représentent le passage du plan matériel au plan spirituel. En Occident, un cercle renfermant un carré figure le Ciel englobant la Terre. Dans les églises, les parties arrondies (dômes, coupoles, absides...) symbolisent la voûte céleste. La quadrature

*Le sanctuaire préhistorique de Stonehenge, formé par plusieurs menhirs hauts de 3 à 6 mètres disposés en cercle, était consacré au Soleil.*

du cercle (formation d'un cercle à partir de carrés) était une image utilisée par les alchimistes de la Renaissance pour exprimer la difficulté d'atteindre la perfection divine (l'or) à partir de matériaux terrestres. Dans le langage courant d'aujourd'hui, la quadrature du cercle désigne une chose totalement irréalisable. Le cercle, c'est encore l'image du zéro, sans lequel aucun calcul n'est possible.

*La roue de la Loi des bouddhistes est l'image de la destinée humaine dont il est impossible d'inverser le cours. Les rayons représentent les huit sentiers de la connaissance que l'on peut emprunter.*

Le cercle qui permet de délimiter un espace clos avait, notamment dans le monde celte, un pouvoir protecteur que l'on attribuait habituellement aux bagues, aux colliers, aux ceintures... En traçant un cercle, on se protégeait des démons. De nos jours encore, il est souvent question dans les légendes de cercles magiques à l'intérieur desquels le héros ou l'héroïne se réfugie. Les anneaux entrelacés (tels ceux qui forment l'emblème des jeux Olympiques) symbolisent l'union.

## LA CIRCUMAMBULATION

Dans toutes les sociétés du monde, la circumambulation – marche effectuée autour d'un objet sacré (autel, pilier, pierre ou tout autre axe vertical) – permet à la fois de définir et de consacrer un espace. En se déplaçant de façon circulaire, le fidèle imite la trajectoire du Soleil et des planètes, et rend hommage aux forces cosmiques. Comme les rondes, la circumambulation relève de l'ancien symbolisme du cercle, dont la fonction est protectrice et ordonnatrice. A La Mecque, les pèlerins font sept fois le tour de la Kaaba, où se trouve scellée la Pierre noire (météorite qui aurait été donnée à Abraham par l'archange Gabriel, en signe d'autorité spirituelle, et que les croyants doivent en principe toucher lors de chaque passage). Le nombre de tours correspond à celui des corps célestes. Chez les bouddhistes, la circumambulation vise à mettre le fidèle en harmonie avec les rythmes cosmiques, et symbolise une progression vers la connaissance de soi et l'illumination. En Inde, au Tibet et au Cambodge, la circumambulation se fait dans le sens des aiguilles d'une montre, en suivant la course du soleil dans le ciel, mais, à La Mecque, la circumambulation se fait en sens inverse.

*Pour les musulmans, la Kaaba, édifice cubique situé au centre de La Mecque, représente le centre de la civilisation, la stabilité, la totalité et la perfection.*

# *Étoile, chrisme et auréole*

*On prêtait au chrisme, monogramme formé des deux premières lettres grecques du mot Christ, khi (X) et rho (P), un grand pouvoir protecteur.*

Sources de lumière, les **ÉTOILES** symbolisent l'esprit et la clarté. Elles figurent parmi les formes géométriques les plus riches de sens. (Le pentacle, étoile à cinq branches qui représente le microcosme humain, et le sceau de Salomon – l'étoile de David, à six branches – sont étudiés à part – voir page 154.) Les symboles en forme d'étoile sont souvent reconnaissables au nombre de leurs branches. L'étoile à quatre pointes est liée à Shamash, le dieu solaire mésopotamien. A Sumer, Ishtar, personnification de Vénus en tant qu'astre du matin, avait pour emblème une étoile à cinq branches. C'est aussi une étoile à cinq branches qui figure sur certains drapeaux ou sur les insignes militaires. L'étoile de Bethléem, qui guida les Rois mages vers l'Enfant Jésus, est le plus souvent figurée avec cinq pointes. Dans la franc-maçonnerie, l'Étoile flamboyante qui symbolise l'homme régénéré comporte également cinq branches. Combinant un carré et un triangle, l'étoile à sept branches relève du symbolisme du nombre sept (les sept planètes, les sept couleurs de l'arc-en-ciel...). Une étoile à huit branches, emblème de Vénus, étoile du soir, symbolise la création, la fécondité et l'amour.

C'est une vision de Constantin le Grand, empereur romain (270-337), qui fit du **CHRISME** – monogramme du Christ formé des deux premières lettres de son nom, khi (X) et rho (P) – le symbole dominant de l'Église primitive : Constantin Ier aurait vu dans le ciel le signe du chrisme accompagné de mots grecs signifiant « Sous ce signe, tu vaincras ». Il fit figurer le chrisme sur les boucliers de ses soldats et remporta la bataille du pont Milvius qui décida de la fin de Maxence. A la suite de cette victoire, Constantin se convertit et promulgua en 313 l'édit de Milan, qui garantissait la liberté de culte et faisait quasiment du christianisme une religion d'État. Outre le chrisme constantinien formé du khi et du

*La mandorle, auréole en forme d'amande, donnait un caractère sacré ou divin à certains personnages : le Christ, la Vierge Marie ou les saints.*

## L'AURÉOLE ET LE NIMBE

*En Chine, l'auréole incarne également l'autorité spirituelle. Ci-contre : miniature chinoise représentant le bodhisattva Avalokiteshvara.*

Cercle figuré autour de la tête ou du corps de certains sujets, l'**AURÉOLE** représente l'aura, lumière de caractère sacré émise par certains personnages, notamment le Christ, la Vierge Marie ou les saints. L'auréole fut surtout représentée dans l'iconographie chrétienne à partir du IIe siècle, mais elle était déjà largement utilisée comme symbole de divinité solaire dans une grande partie du monde antique. Elle fut inventée par les Perses, qui entouraient d'un cercle doré la tête d'Ahura Mazda, le dieu solaire personnifiant le principe du Bien, pour souligner son caractère divin. Dans l'art byzantin, une auréole ronde était l'attribut des défunts dont la vie avait été exemplaire, une auréole carrée celui d'un personnage encore vivant. Dans les représentations de l'Église orthodoxe orientale, l'auréole du Christ renferme généralement une croix.

Dans l'iconographie chrétienne, l'auréole est souvent de couleur dorée, mais peut quelquefois être blanche. En Inde, elle est fréquemment de couleur rouge.

A la différence de l'auréole, le **NIMBE**, qui matérialise également l'aura et enveloppe la tête ou le corps du sujet, n'est pas seulement l'emblème de personnages sanctifiés, mais il peut être l'attribut de rois, d'empereurs ou d'animaux sacrés – tels le Phénix ou l'agneau symbolisant le Christ. Un nimbe entoure souvent la tête des dieux grecs – Zeus, Apollon, Dionysos – ou celle des empereurs romains.

---

rho, on trouve aussi sur les stèles funéraires un monogramme formé des lettres grecques I et X (initiales de Iesous Xristos – Jésus-Christ) : lorsqu'il s'inscrit dans un cercle, il semble constituer une roue à six rayons, symbole solaire.

Dans l'iconographie chrétienne traditionnelle, la **MANDORLE** est une auréole en forme de losange ou d'amande (*mandorle*, en italien, signifie « amande »), qui enveloppe le corps entier du sujet traité – le Christ, la Vierge Marie ou les saints – et lui donne une dimension sacrée. Les peintres et les sculpteurs du Moyen Age l'utilisaient fréquemment pour représenter la nature divine du Christ et sa gloire immortelle. Losange aux angles arrondis, la symbolique de la mandorle se rattache à cette figure et évoque aussi la communication entre le Ciel et la Terre ; elle réalise l'union de la matière et de l'esprit.

*L'arche symbolise la voûte céleste. Dans certains rites d'initiation, passer sous une arche marque le début d'une nouvelle vie.*

# *Labyrinthes*

Les images qu'évoque le **LABYRINTHE** sont peut-être une réminiscence de l'époque où les êtres humains habitaient des grottes auxquelles on accédait par des chemins difficiles, probablement plongés dans l'obscurité et terrifiants. Les labyrinthes les plus anciens se trouvent en Égypte et au centre de l'Italie, où ils étaient censés protéger les tombes royales.

Véritable dédale de couloirs, le palais de Cnossos, en Crète, pourrait être à l'origine de la légende du Labyrinthe dans lequel Thésée tua le Minotaure. L'interprétation habituelle de ce mythe est que la mort du monstre mi-homme mi-taureau marque la victoire de Thésée sur ses pulsions. Une autre interprétation met l'accent sur le caractère destructeur du refoulement des instincts. Sur le plan symbolique, le labyrinthe représente un parcours initiatique, un retour à la matrice originelle (caverne) – mort suivie d'une renaissance –, ou encore un voyage intérieur conduisant à une meilleure connaissance de soi. Dans l'Antiquité, certains labyrinthes ne comportaient qu'un seul chemin. Leur tracé en spirale, qui reproduisait la trajectoire des planètes, servait de parcours initiatique, où le risque de se perdre était nul. Certains labyrinthes sont gravés sur le sol. Dans les églises, ils permettent aux fidèles d'accomplir virtuellement un pèlerinage en Terre sainte. Le labyrinthe circulaire de la cathédrale de Chartres, de 12 mètres de diamètre, présente un tracé de 200 mètres que les croyants effectuent à genoux.

Comme le labyrinthe, le **NŒUD** est associé à un monde secret. Dans certains cas, seule la personne qui l'a formé peut le défaire. Le nœud rompt une continuité ou constitue un obstacle. En cela, il symbolise une cassure, notamment en Inde, où il est associé à la mort ou à la maladie. Pour les mêmes raisons, il était très employé dans les pratiques de sorcellerie, et un grand nombre de traditions font allusion à des « noueurs de nœuds » qui procèdent à des étranglements symboliques. Inversement, le nœud que l'on défait évoque la délivrance de l'accouchée ou du prisonnier. Certains nœuds sont bénéfiques : dans l'ancienne Égypte, celui d'Isis était un symbole de vie et d'immortalité. Pour les bouddhistes, le nœud infini est un signe de longévité. Le nœud symbolise également l'union et joue un rôle important dans les cérémonies nuptiales. Il est souvent protecteur et passe pour éloigner les démons, la maladie ou la mort. Les trois nœuds du cordon des franciscains représentent les vœux de pauvreté, de chasteté et d'obéissance.

*Les nœuds, auxquels on prête des pouvoirs maléfiques, sont parfois interdits dans les lieux saints, comme à La Mecque. Mais certains nœuds sont réputés bénéfiques, tel ce nœud de pierre ou ceux que les musulmans se font dans leur barbe.*

*Dans certaines demeures, on trouve des motifs de labyrinthe qui évoquent la difficulté des prises de décision. Certains jardins publics comportent des dédales composés d'arbres et de buissons taillés. Ci-dessus : le splendide plafond du palais Gonzague, à Mantoue.*

# *Formes géométriques et mandalas*

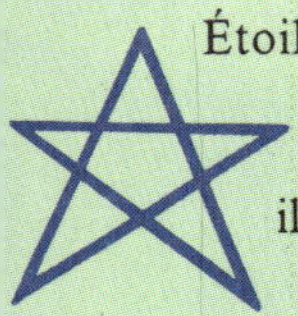

Étoile à cinq branches, le **PENTAGRAMME** serait apparu il y a 4 000 ans en Mésopotamie, où il servait probablement de repère astronomique. Formé de trois (principe masculin) plus deux (principe féminin) éléments, c'est un ancien symbole d'harmonie, de bonheur et de santé. Dans la tradition ésotérique, il correspond au microcosme et symbolise l'homme, le nombre cinq évoquant les quatre membres commandés par l'esprit. Pour les alchimistes, il incarnait les quatre éléments habituels (l'Eau, la Terre, l'Air et le Feu), le cinquième élément étant la quintessence, principe de fusion. Inscrit dans un cercle invisible, le pentagramme servait de signe de reconnaissance aux pythagoriciens. Chez les francs-maçons, l'Étoile flamboyante, qui a en son centre un G (d'interprétation variable : gnose, géométrie, Dieu, gloire), symbolise la pensée libre. Sous le nom de pentacle, le pentagramme désignait un sceau de conjuration magique qui comportait, outre l'étoile à cinq branches, des triangles, carrés et signes kabbalistiques. Le pentagramme renversé est un emblème de destruction.

Étoile dotée de six branches, l'**HEXAGRAMME** résulte de la superposition de deux triangles, l'un tourné vers le haut, l'autre pointé vers le bas, qui incarnent l'union des forces contraires et la sagesse. Repris par la mystique juive, ce symbole très ancien est devenu le « sceau de Salomon », ou « bouclier de David », ou encore « étoile de David ». Dans la tradition kabbalistique et ésotérique, l'hexagramme constitué d'un triangle blanc et d'un triangle noir enchevêtrés figure la totalité de l'univers, le premier (pointe tournée vers le haut) incarnant Dieu, le second étant l'image du monde terrestre. Il exprime la dualité et la complémentarité : mâle/femelle, feu/eau, froid/chaud, sec/humide...

**L'OCTOGONE** repose sur le symbolisme du nombre huit, chiffre lié au renouveau et à la résurrection. La forme octogonale, souvent

*Symbole de l'État d'Israël, le sceau de Salomon est plus connu comme l'étoile de David, du nom du roi légendaire qui fit de Jérusalem la capitale du peuple hébreu.*

*Les fonts baptismaux, tels ceux du baptistère de Ravenne (ci-dessus), présentent souvent une forme octogonale, symbole de résurrection.*

*Le triangle symbolise la Trimurti, trinité hindoue formée de Vishnou, qui maintient l'univers(la tortue), de Shiva, dieu créateur-destructeur (la tête de mort), et de Brahma, qui façonne le monde (le lotus).*

adoptée par les fonts baptismaux, est généralement considérée comme un intermédiaire entre le carré (la Terre) et le cercle (le Paradis, l'éternité).

Le **TRIANGLE** relève de la symbolique du chiffre trois. Dans le monde chrétien, un triangle équilatéral représente la Trinité. Dans la tradition ésotérique, un triangle pointé vers le haut symbolise le feu (l'élévation, la spiritualité), le sexe masculin et, pour les alchimistes, le cœur, tandis qu'un triangle pointé vers le bas figure l'eau (la fécondité, la pluie) et le sexe féminin.

Le **CARRÉ** est le symbole de la Terre et du cosmos. Associé au chiffre quatre, il évoque la perfection de la Création. Parce qu'il évoque les quatre points cardinaux et l'ordre de l'univers, il représente, notamment en Chine, la permanence, la sécurité, l'équilibre et l'organisation rationnelle de l'espace, l'honnêteté, l'intégrité et la moralité.

---

## LE MANDALA

Le mandala (littéralement « cercle sacré »), dessin combinant diverses formes géométriques – cercles, carrés, triangles –, est destiné à servir de support à la méditation. Cette représentation symbolique de l'univers vise à aider le pratiquant à réunir par la pensée de nombreux éléments différents, à trouver les liens existant entre le monde matériel et le monde spirituel, ou à voir la structure qui se cache derrière un désordre apparent. Le mandala peut être une image peinte sur soie *(thanka)*, ou un dessin réalisé avec du sable ou du riz de différentes couleurs. Très souvent, le mandala se compose de plusieurs cercles concentriques entourant un palais constitué de plusieurs carrés emboîtés les uns dans les autres et comportant quatre portes orientées vers les quatre points cardinaux. Différents symboles apparaissent dans les mandalas. Chaque détail, y compris le choix des couleurs, est chargé de sens. L'ensemble est propre à inspirer la sérénité, à maintenir ou à rétablir un certain ordre psychique. Pour Carl Jung, les mandalas permettraient d'intégrer consciemment certains éléments dans la personnalité.

*Ce mandala présente la structure de base habituelle : cercles concentriques entourant un édifice carré (palais) doté de quatre portes orientées vers les points cardinaux.*

# Couleurs

Depuis les temps les plus reculés, les couleurs ont joué un rôle important dans la symbolique. En raison de similitudes évidentes, certaines correspondances sont quasiment universelles : par exemple, le bleu désigne très souvent le ciel, le rouge le feu ou le sang, le vert l'eau, etc. Cependant, les couleurs sont associées à bien d'autres notions, et leurs interprétations peuvent varier d'une région à l'autre.

Le **BLANC** est un symbole de pureté et de vertu. Bien qu'il évoque la pâleur de la mort (pendant longtemps, il fut un symbole de deuil en Occident, et il l'est toujours en Orient), il prend généralement une valeur positive lorsqu'il est opposé au noir. Symbole de la vie spirituelle, il était porté par les druides, les vestales et les prêtres, chrétiens ou non. Couleur de la lumière, résultant de la somme de toutes les nuances

## LE ROUGE

Dans certaines sociétés primitives, le rouge est si fortement associé à la vie que l'on s'enduit le corps de peinture ocre à des fins médicinales. Parce qu'il évoque le principe vital, le sang, le rouge est la couleur de l'action et du dynamisme, de la jeunesse et de la santé. Mais le sang peut être répandu, et le rouge symbolise donc également la guerre, l'agressivité, la violence. Dans l'ancienne Égypte, le rouge était la couleur du Mal : Seth, le dieu de la Destruction, était représenté avec des yeux et des cheveux rouges. Dans le monde chrétien aussi, le rouge est la couleur des forces infernales. Tout comme le bourreau, le diable porte des vêtements rouges. La couleur rouge attire l'attention et met en garde. En Extrême-Orient, elle est associée à des valeurs positives. Elle était l'emblème de la dynastie Chou en Chine. Au Japon, elle incarne la sincérité et le bonheur.

*Symbole de force, le rouge est l'attribut des dieux de la Guerre, tel Mars, représenté ci-dessus en compagnie de Junon.*

du spectre, le blanc exprime aussi des valeurs extrêmes qui annoncent un changement d'état ou de condition. En ce sens, c'est la couleur des novices ou des candidats (de *candidus*, mot latin qui désignait, à Rome, les postulants à une fonction publique vêtus de blanc). Une colombe blanche est un signe de paix, un lis blanc est un symbole de chasteté.

*Les Vierges noires associent la couleur noire à des valeurs positives, celles qu'incarnaient autrefois les déesses-mères.*

Le **NOIR** incarne presque toujours les forces destructrices et le malheur. Il évoque les ténèbres, au propre – celles de la nuit et des lieux souterrains – ou au figuré – celles de l'ignorance, du désespoir, du chagrin et du Mal. Le noir donne au deuil une tonalité désespérée. Pour les alchimistes, il correspond à la phase de décomposition *(nigredo)*. Dans les croyances populaires, il annonce des catastrophes : les chats noirs ou les corbeaux sont de mauvais augure. Le langage courant abonde d'expressions où la couleur noire a des connotations négatives. Portée par certains religieux, cette couleur indique la renonciation au monde.

Pourtant, en Égypte et dans d'autres traditions anciennes, le noir est associé à des valeurs positives. Kali, la déesse hindoue, est noire ; or, de son union avec Shiva, qui est blanc, va naître la vie. La même relation existe entre le yin (noir) et le yang (blanc).

Aussi impalpable que l'air, le **BLEU** évoque l'infini, la foi, la pureté, la paix, la vie spirituelle et intellectuelle – associations présentes dans un grand nombre de civilisations anciennes. En Égypte, le bleu révélait la nature divine d'un être : Amon-Râ, le dieu originel, était représenté avec une peau bleue, les autres dieux étant reconnaissables à leur barbe ou à leur perruque bleue. Le bleu est aussi l'attribut de Vishnou, le dieu protecteur hindou. La Vierge Marie – comme le Christ – est souvent représentée avec des vêtements bleus. Dans la tradition juive, cette couleur est associée à la grâce, et, dans le bouddhisme, à la sagesse. En Europe centrale, le bleu représente la fidélité, en Chine les lettrés.

*On reconnaît facilement le dieu hindou Krishna, avatar de Vishnou, à la coloration bleue de sa peau.*

*Pour les alchimistes, un lion vert représente la matière première, qui va se trouver transformée en or – symbolisé ici par le tournesol.*

La couleur dont le symbolisme est le moins ambivalent est le **DORÉ**. Ses liens avec le Soleil et l'or en ont fait un emblème de puissance divine, de majesté et de perfection. En Égypte, c'était la couleur de Râ, le dieu du Soleil, et, en Inde, celle de Vishnou. Dans l'iconographie chrétienne, les cheveux de Jésus sont souvent d'un blond doré.

Le symbolisme du **VERT** est dans l'ensemble positif, comme le montre, par exemple, le choix d'un feu vert pour désigner une voie libre, c'est-à-dire sans obstacle. Le vert, associé à l'eau, évoque d'emblée le monde végétal et le printemps. C'est un symbole de jeunesse, d'espoir et d'immortalité. Depuis qu'il est la couleur des partis écologistes, il est également synonyme de qualité de vie et de santé.

C'est très probablement dans les pays musulmans, où l'eau et la verdure sont rares, que le vert a la connotation la plus positive. Symbole de salut, associé à l'idée de richesse (matérielle ou spirituelle), c'est la couleur du prophète et des saints, celle aussi de la providence divine incarnée par un personnage légendaire, l'Homme vert. En Chine, le vert – associé au bois, l'un des cinq éléments – désigne le printemps et est relié au jade, image d'immortalité. Pour les Celtes, l'île des Bienheureux était verte. En Égypte, le vert représentait de façon générale le Bien et la joie : Osiris, le dieu de la Végétation, qui fut tué par son frère Seth puis ressuscité par Isis, son épouse et sœur, était parfois vénéré sous le nom de Grand Vert (on le représentait avec une peau verdâtre). Dans le monde chrétien, le vert évoque le bloc d'émeraude dans lequel fut taillé le Graal, vase qui recueillit le sang du Christ à sa mort. Symbole d'espoir, la Croix est souvent figurée en vert. Au Moyen Age, cependant, le vert, qui était associé à la vie spirituelle et à la sagesse, devint la couleur des activités démoniaques et de la folie. On représentait Satan avec une peau et des yeux verts, et l'on affublait les fous d'un manteau vert. Ces connotations négatives étaient peut-être dues au fait que le

*Les violettes encadrant cette Nativité sont un symbole d'humilité (livre d'heures flamand).*

## LE JAUNE

Le jaune est la couleur la plus ambivalente : il revêt des sens variables selon ses nuances et le contexte. Le jaune vif (doré) relève du symbolisme solaire. Il est la couleur d'Apollon en Grèce, de Vishnou en Inde et de Mithra en Perse, l'emblème des rois et des empereurs en Europe, et aussi en Chine, où la robe des moines bouddhistes est également jaune, mais safran – couleur portée auparavant par les prisonniers de droit commun et que Bouddha adopta en signe de renoncement au monde. Dans la chrétienté, le jaune était un symbole d'éternité et de foi, mais comme c'est aussi la couleur du soufre, il fut associé à l'orgueil, à la fausseté et à la trahison. La relation entre le jaune et le manque de loyauté semble très ancienne. En 1269, Saint Louis obligea les juifs, considérés depuis les croisades comme les alliés des musulmans, à porter une rouelle de couleur jaune, en signe d'infamie. Au XX^e^ siècle, les nazis imposèrent aux juifs le

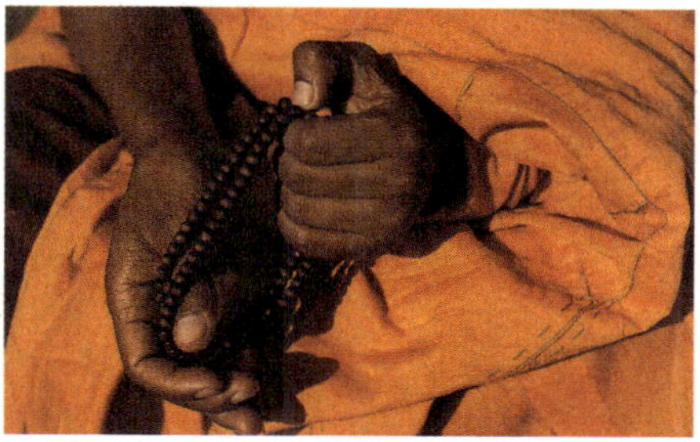

*La robe des moines bouddhistes est jaune safran, couleur de l'humilité et du renoncement au monde.*

port de l'étoile jaune. Au XVI^e^ siècle, on peignait en jaune la porte des traîtres. En Chine, où cette couleur est pourtant positive, les acteurs se maquillent en jaune pour figurer les traîtres. Cette couleur évoque encore la maladie. En Europe, le pavillon de quarantaine est jaune.

---

vert est aussi la couleur des moisissures qui accompagnent toujours le phénomène de décomposition. Sur le plan psychologique, toutefois, le vert serait apaisant.

Dans le monde antique, la couleur **POURPRE**, rouge vif, était un signe de puissance et de richesse, car la teinture était réalisée à l'aide d'une substance extrêmement onéreuse, extraite de la sécrétion de certains mollusques, les murex. Dans l'Antiquité romaine, la pourpre, portée par de hauts dignitaires ecclésiastiques, des consuls et des chefs militaires, était surtout la couleur des empereurs. A Byzance, les enfants des empereurs étaient mis au monde dans une chambre drapée de pourpre, d'où le mot « porphyrogénète » (« né dans la pourpre ») pour désigner les enfants impériaux nés pendant le règne de leur père. L'expression « revêtir la pourpre cardinalice » existe toujours, bien que la robe des cardinaux soit en réalité rouge.

Le **VIOLET** est la couleur de la tempérance, de la vie spirituelle et du repentir. Il indique aussi un passage de l'action à la passivité, du masculin au féminin, de la vie à la mort. Ces interprétations se fondent sur le mélange de rouge (la passion, le feu ou la Terre) et de bleu (la vie intellectuelle, l'eau et le Ciel). Dans les tableaux représentant la Passion, le Christ porte souvent une robe violette, qui annonce le mystère de la Résurrection. De ce fait, le violet est parfois la couleur du deuil. Relié au sacrifice, c'est aussi la couleur de la Vierge Marie et des martyrs. Selon une croyance populaire, suspendre une pierre violette au cou des enfants les rendait obéissants.

# Les systèmes symboliques

Tout au long de leur histoire, les hommes ont cherché à percer les secrets de la nature et à prévoir le cours apparemment chaotique des événements. C'est ainsi qu'ils ont tenté d'associer des approches spirituelles et scientifiques, et qu'ils ont établi des schémas de pensée et de croyances complexes, souvent exprimés par une riche symbolique. Ils ont appliqué ces représentations à des techniques purement divinatoires comme l'astrologie, le Yi-king ou le tarot, mais également à des procédés revêtant un caractère prétendument scientifique, telles la numérologie ou l'alchimie.

## L'ASTROLOGIE

### Origines et développement

L'astrologie est un système divinatoire fondé sur l'interprétation des configurations planétaires. Elle plonge ses racines au cœur de la civilisation mésopotamienne ; des tablettes babyloniennes datant du VIIe siècle av. J.-C. relatent l'influence de quatre divinités célestes sur les affaires humaines : Shamash (le Soleil), Sin (la Lune), Ishtar (Vénus) et Adad (le dieu de l'Orage et de la Pluie). Au fil des siècles, cette technique divinatoire se répandit dans tout le Moyen-Orient, en Inde et en Chine, où elle connut des développements indépendants. Ce n'est qu'avec la civilisation hellénistique qu'elle accomplit des progrès significatifs. Ainsi, au IIe siècle de notre ère, Ptolémée donna aux constellations le nom qu'elles portent encore aujourd'hui ; il perfectionna les méthodes d'observation, ce qui permit aux astronomes grecs de dresser la carte des déplacements du Soleil, de la Lune et des cinq planètes alors connues par rapport aux points fixes de la voûte céleste que sont les constellations. De cette manière, le Soleil, la Lune et les planètes paraissaient se mouvoir dans une étroite bande du ciel, qui fut nommée Zodiaque et divisée en douze parties de 30°, chacune correspondant à un signe zodiacal. Les signes du Zodiaque reçurent le nom de la principale constellation qu'ils contenaient à l'origine.

Au cours du développement de l'astrologie, les mouvements célestes furent mis en relation avec ceux de la Terre, et le Zodiaque fut doté d'un système de symboles associés aux saisons et aux signes qui leur correspondaient. Ainsi le Lion, dominant à la mi-été, représentait-il la toute-puissance du Soleil. Il était suivi de la Vierge, symbole de la moisson et de la préparation du cycle végétal à venir. La Balance figurait l'équilibre entre l'été et l'hiver, l'équinoxe d'automne, où les jours et les nuits sont d'égale longueur.

Déjà du temps de Ptolémée, on avait noté que le caractère des hommes semblait marqué par leur date de naissance. Douze personnalités furent dégagées, qui correspondaient approximativement aux douze signes du Zodiaque, puis des thèmes astraux (horoscopes) furent utilisés pour définir les potentialités des individus et prédire leur avenir.

### Les signes du Zodiaque

Les douze signes du Zodiaque sont divisés en quatre groupes

*Ce plafond du palais Farnèse peint par Zuccari présente les constellations.*

de trois, chacun étant associé à un élément (Feu, Eau, Air, Terre), à un genre et à des qualités particulières. Les signes de Feu (Lion, Bélier et Sagittaire) sont caractérisés par l'énergie et l'impétuosité ; les signes d'Eau (Poissons, Cancer et Scorpion) sont liés à l'émotion et à l'intuition ; les signes d'Air (Verseau, Gémeaux et Balance) sont associés à la logique et à l'intelligence ; les signes de Terre (Capricorne, Taureau et Vierge) allient le sens pratique à la fidélité aux engagements pris. Les signes sont dits respectivement cardinaux, fixes ou mutables. Les signes cardinaux sont actifs et entreprenants ; les signes fixes sont passifs et opportunistes ; les signes mutables ont une prédilection pour le changement. Les signes ont également un genre, ils sont « féminins » ou « masculins ». Les douze signes peuvent être regroupés en six paires, ou polarités, dans lesquelles les qualités s'équilibrent.

**Le thème astral**

Au début de l'astrologie, l'influence des corps célestes sur la Terre était considérée comme dépendante de la position des planètes dans les signes. Et parce que les planètes représentaient des forces agissant sur les hommes et les événements terrestres, elles étaient étroitement associées aux dieux. Chaque planète (l'astrologie en compte dix, le Soleil et la Lune étant assimilés à des planètes) est figurée par un symbole et gouverne un ou plusieurs signes. Les positions des planètes les unes par rapport aux autres (aspects), vues de la Terre, déterminent l'interaction des forces qu'elles représentent. Les aspects majeurs sont la conjonction (0°), le sextile (60°), le carré (90°), le trigone (120°), l'opposition (180°).

Pour établir un thème astral, on divise le ciel en douze secteurs, ou « maisons ». Les maisons ne portent pas de nom, mais un numéro. Selon les planètes et les signes qui s'y trouvent, elles donnent des indications sur la santé, le travail, les amours, la créativité, etc. Les caractéristiques de chaque signe, les influences planétaires et les maisons font apparaître un réseau complexe d'interrelations.

La science rejette l'idée que les astres puissent avoir une influence sur la vie des individus et a démontré que les constellations divinisées par les Anciens ne sont rien d'autre que des groupes de corps célestes séparés les uns des autres par des distances énormes, et si éloignés de la Terre que l'idée qu'ils puissent influer sur ses habitants paraît proprement absurde. L'astrologie est donc considérée comme une pseudo-science, au mieux comme l'ancêtre de l'astronomie. Pourtant, elle exerce encore une puissante fascination sur les esprits.

## LE YI-KING

Le *Yi-king*, ou *Livre des mutations*, est l'un des plus anciens traités de divination. Il aurait été conçu par l'empereur chinois Fou-hi (2852 av. J.-C.), puis amendé en 1150 av. J.-C. par le roi Wen, et enfin commenté par Confucius et d'autres philosophes entre le VIIe et le Ve siècle av. J.-C. Le *Yi-king* expose le grand principe de la philosophie chinoise : l'interdépendance universelle.

**Utilisation**

Quiconque consulte le *Yi-king* formule une question, puis lance un jeu de pièces de monnaie à plusieurs reprises (autrefois, on utilisait des baguettes d'achillée). Chaque lancer détermine une ligne, brisée (yin, principe féminin) ou continue (yang, principe masculin). L'association de trois lignes forme un trigramme, celle de six lignes donne un hexagramme, chacun ayant une signification symbolique particulière, expliquée dans le livre.

Le *Yi-king* exprime la présence universelle des contraires : le yin et le yang, la nuit et le jour, le Bien et le Mal, la chance et la malchance, etc. Il nous enseigne que notre perception de la réalité est fondée sur ces contraires, mais que ceux-ci sont soumis à des changements, à des transformations – rien n'est permanent. Ainsi, le trigramme formé de trois lignes continues (*K'ien*, le Ciel) subit une série de mutations pour aboutir au trigramme figuré par trois lignes brisées (*K'ouen*, la Terre).

## LE TAROT

Le tarot est un système de divination qui utilise soixante-dix-huit cartes, appelées lames. Ces lames, revêtues d'un puissant symbolisme, se répartissent en vingt-deux arcanes majeurs et cinquante-six arcanes mineurs. Ces derniers diffèrent des jeux de cartes ordinaires par le nombre de figures (roi, reine, cavalier et valet) ; les séries sont les deniers, les bâtons, les coupes et les épées.

### Origines

Les origines du tarot restent mystérieuses. On en a recherché la trace dans les anciennes civilisations égyptienne, indienne et chinoise. Son introduction en Europe a été attribuée alternativement aux Arabes, aux Tziganes et aux Arméniens. Selon une autre hypothèse, les arcanes mineurs proviendraient – en partie, du moins – de jeux de cartes indiens associés au dieu Vishnou et ramenés par des marchands vénitiens au cours du XVe siècle. Vishnou est traditionnellement représenté avec quatre bras et tenant dans chacune de ses mains un disque, une fleur de lotus, une massue et une conque, qui symbolisent respectivement l'existence physique (*karma-yoga*), l'amour dévotionnel (*bakhti-yoga*), la connaissance (*jnana-yoga*) et la réalisation intérieure (*raja-yoga*). Ces quatre symboles pourraient avoir été à l'origine des quatre séries des arcanes mineurs. Si c'est le cas, ces arcanes n'étaient pas de simples cartes à jouer, mais des symboles du voyage de l'âme sur les quatre chemins menant à l'illumination spirituelle. Dans ce cheminement, la progression de l'individu était figurée par le numéro des cartes, depuis l'as jusqu'au stade ultime de la royauté. Les arcanes majeurs, probablement également ramenés d'Orient par les Vénitiens, pourraient avoir symbolisé un chemin spirituel plus ésotérique, dans lequel les quatre voies des arcanes mineurs étaient intégrées.

### Développement

La façon dont les deux groupes de lames ont été réunis est obscure, mais on pense que le premier tarot ressemblant aux jeux actuels fut réalisé pour le duc de Milan en 1415. Le tarot se répandit alors largement en Italie et en France, puis gagna le reste de l'Europe. Au fil du temps, sa riche symbolique fut écartée, et il fut utilisé comme jeu de société. Les arcanes majeurs, trop complexes pour cet emploi, disparurent des jeux courants.

Selon la tradition, le tarot serait la mise en images des connaissances dispensées aux hermétistes par le dieu égyptien Thot. S'inspirant de cette théorie, le perruquier parisien Etteila conçut un jeu divinatoire. Au XIXe siècle, ce jeu fut repris par le Français Eliphas Levi, qui élabora un système d'interprétation fondé sur le symbolisme égyptien et la kabbale. L'interprétation est parfois discutable, mais les liens entre le tarot et la kabbale sont incontestables. Ainsi, les vingt-deux lettres de l'alphabet hébraïque correspondent aux vingt-deux arcanes majeurs, et les quatre séries des arcanes mineurs peuvent représenter les quatre « mondes » de l'Arbre sephirothique.

## LES NOMBRES

Pour les Anciens, le hasard n'existait pas ; tout avait un sens, y compris les nombres. Ils leur attribuaient souvent des pouvoirs surnaturels ou magiques, et prédisaient l'avenir à partir de combinaisons de chiffres (numérologie).

Pour certains initiés, les nombres avaient une signification précise : ils n'exprimaient pas seulement une quantité, mais pouvaient représenter un être (Dieu), un concept (la perfection) ou une matière (la terre). Pour Pythagore, philosophe et mathématicien grec (vers 580-500 av. J.-C.), « tout est arrangé d'après le nombre » : en d'autres termes, les nombres règlent l'univers ; reflets de l'ordre divin, ils sont la clé de l'harmonie cosmique. A Babylone, en Inde et en bien d'autres régions du monde, les mathématiciens étaient convaincus que l'étude des nombres leur révélerait les principes de la Création et les lois de l'espace et du temps. On sait aujourd'hui que les Aztèques attribuaient également une fonction précise à chaque nombre fondamental – qu'ils reliaient à un dieu, à une qualité, à une direction de l'espace et à une couleur.

Au IIIe siècle, les penseurs de la kabbale s'employèrent à assigner une valeur numérique à chaque lettre de l'alphabet hébreu et à déchiffrer l'Ancien Testament au moyen de ce système d'équivalences. Ces travaux aboutirent à la publication du *Zohar* (*Livre de la splendeur*), rédigé au XIIIe siècle par Moïse de León, qui commente le Pentateuque et quelques autres parties de la Bible à la lumière de la *gematria* (science des symboles numériques). Toutes ces études donnèrent leurs lettres de noblesse à la numérologie, dont l'une des nombreuses survivances est la croyance en la valeur maléfique du « 13 ».

Dans la plupart des régions du monde, le « 1 » représente l'unité (le divin), le « 2 » la dualité, et le « 3 » l'univers. Pour les pythagoriciens, les quatre premiers chiffres suffisaient à rendre compte de l'existence de la droite, succession de points, et du volume, figure à trois dimensions. Les Grecs attribuaient aux nombres des qualités : les chiffres impairs étaient dits masculins et actifs, les chiffres pairs, féminins et passifs. Il en était de même en Chine, où l'on considérait les chiffres impairs comme yang – célestes, immuables et de bon augure –, et les chiffres pairs comme yin – terrestres, mutables et de moins bon augure.

Les nombres ayant des significations symboliques sont essentiellement les chiffres de 1 à 10 (ou de 1 à 12 dans le système duodécimal), mais également quelques autres : par exemple, dans la tradition hébraïque, « 50 », qui suit « 49 » (7 × 7 + 1), correspond à l'année du jubilé, au cours de laquelle les esclaves sont libérés, les dettes annulées, et les terres labourées mises en jachère. La fête de la Pentecôte est aussi reliée à « 50 » puisqu'elle est fixée au lendemain de la septième semaine après Pâques (7 × 7 + 1). En Chine, « 60 » servait de base au calendrier. Le nombre « 70 », décuple de 7, représente souvent la totalité ou l'universalité (la Bible parle des soixante-dix nations de l'humanité). Dans beaucoup de traditions, « 10 000 » symbolise l'infini ou un nombre trop grand pour être précisé. Par exemple, les historiens grecs fixaient à 10 000 le nombre de soldats composant la garde du roi de Perse et les nommaient Immortels pour évoquer leur caractère invincible. La symbolique du « 0 », des nombres « 1 » à « 13 » et du « 40 » est présentée plus longuement ci-dessous.

**Zéro**

Pour les Mayas – qui le représentaient par une coquille, un escargot ou une spirale –, le « 0 » évoquait l'œuf cosmique renfermant toutes les potentialités, ainsi que la régénération cyclique. Pour les Arabes, qui le découvrirent grâce aux Indiens et l'introduisirent en Occident au Moyen Age, il symbolisait le vide, le non-être ou un néant créateur ; il désignait un signe sans valeur propre, mais ayant le pouvoir de décupler ou d'annuler les autres signes selon sa position. Cette conception était proche de celle des Indiens, pour qui le « 0 » exprimait aussi le vide, le non-existant, l'absent, et annonçait le monde de la manifestation. Pour Pythagore, le « 0 » était le signe contenant toutes choses.

**Un**

Symbole de l'Être suprême, du Dieu des religions monothéistes, le « 1 » évoque l'unité primordiale. Il figure parfois le Soleil ou la lumière, c'est-à-dire l'origine de la vie. Dans le monde occidental, c'est un symbole phallique, associé à l'action et à l'agressivité. Pour les pythagoriciens, il était le point de départ de tout calcul. Les Chinois le représentaient par le taï-chi, le cercle renfermant le yin et le yang, l'entité parfaite préexistant à toutes choses. Dans le langage courant, le « 1 » suggère l'idée de commencement, d'individu ou de solitude.

**Deux**

Symbole de la dualité, le « 2 » est le plus ambivalent de tous les chiffres. Il peut représenter l'union ou la division, l'attraction ou la répulsion, l'équilibre ou le conflit. Ce peut être aussi 1 + 1 – par exemple deux lions de pierre flanquant une porte –, soit une image double aux effets renforcés. Pour les Chinois, « 2 » porte malheur : c'est un nombre faible (yin), dépourvu de centre. Des couples de divinités incarnent souvent les aspects contraires d'une même entité, tout comme les jumeaux peuvent symboliser la dualité ou la lutte entre le Bien et le Mal. Division de l'unité primordiale, « 2 » est relié au principe féminin, à l'union, à l'amour et à la fécondité. Il exprime également la dynamique de la création et de la destruction.

**Trois**

Le « 3 » possède le symbolisme le plus positif, que ce soit dans les textes religieux, les légendes, la mythologie ou les croyances populaires. La conception chrétienne de la Trinité, un Dieu unique en trois personnes – le Père, le Fils et le Saint-Esprit –, est un exemple de la façon dont « 3 » peut se substituer à « 1 » pour symboliser une entité plus puissante ou aux multiples facettes. Les divinités à trois têtes (ou trois corps) comme Hécate, dont les différentes têtes (une de lion, une de chien et une de jument) symbolisaient les trois phases de la lune, sont aussi répandues que les triades de divinités : par exemple, en Inde, la Trimurti composée de Brahma (le Créateur), de Vishnou (le Conservateur) et de Shiva (le Destructeur) ; ou, en Grèce, les trois frères qui se partagent le monde (Zeus, Poséidon et Hadès), avec leurs triples attributs – le foudre à trois dards, le trident, le chien à trois têtes (Cerbère). Bien d'autres figures allégoriques ou personnages mythologiques vont par trois : les Érinyes (Alecto, Tisiphone et Mégère) – les Furies des Romains –, les Parques (Clotho, Lachésis et Atropos) – assimilées aux Moires des Grecs –, les Grâces (Aglaé, Euphrosyne et Thalie), les Gorgones (Sthéno, Euryale et Méduse), les trois vertus théologales – la foi, l'espérance et la charité. Le Nouveau

Testament recourt également souvent au symbolisme ternaire : les trois Mages, les trois reniements de Pierre, les trois croix sur le Golgotha, les trois jours qui précèdent la Résurrection...

Pour Pythagore, « 3 » incarne l'harmonie, et, pour Aristote, la complétude, parce qu'il a un commencement, un milieu et une fin. De même, pour les taoïstes, c'est le chiffre parfait, car il comporte un milieu. En Chine, où il est de bon augure, il représente la sainteté, la loyauté, le respect et le raffinement. Au Japon, il correspond au nombre de « trésors » impériaux : le Miroir, l'Épée et les Joyaux. En Chine, le Tripitaka (littéralement, les « trois corbeilles »), le canon des Écritures bouddhiques, est composé de trois parties. Et le mot Om, ou Aum (prononcé *a-u-m*), qui constitue, selon la tradition hindoue, le son primordial par lequel l'univers fut créé, est lui aussi formé de trois éléments.

Le « 3 » est habituellement considéré comme bénéfique, et il évoque la fécondité ou la procréation. Il renvoie à la triade familiale : le père, la mère et l'enfant. En Afrique, il symbolise le principe masculin (pénis et testicules). Dans les contes de fées, les héros ou les héroïnes ont généralement droit à trois vœux, ou doivent subir trois épreuves, ou ont trois chances de réussir. Les rites ou les formules magiques vont aussi souvent par trois. Le symbole habituel du « 3 » est le triangle, mais on trouve aussi la triskèle (une forme de svastika à trois branches), le trèfle, le trigramme chinois, le trident, la fleur de lis, les trois poissons pourvus d'une seule tête, qui représentent la Trinité dans le christianisme, et le corbeau à trois pattes des Chinois, qui figure les trois phases de la lune, etc.

**Quatre**

Stabilité, universalité, solidité, organisation, pouvoir, intellect, justice et toute-puissance, le symbolisme du « 4 » repose essentiellement sur celui du carré et de la croix à quatre branches. En Chine et en Inde, le carré représente la Terre, et la croix à quatre branches est le symbole du cosmos le plus répandu, parce qu'elle semble indiquer les quatre points cardinaux. La relation établie entre le « 4 » et les quatre points cardinaux, associés aux dieux du Vent ou de l'Orage, en a fait un chiffre sacré dans presque toute l'Amérique précolombienne. Pour les Aztèques, quatre arbres du monde soutiennent le ciel, et il y a eu successivement quatre univers, en relation avec les quatre soleils et les quatre âges de l'humanité. Pour les Indiens d'Amérique du Nord, le « 4 » est le principe d'organisation qui régit l'espace, le temps, les éléments célestes et terrestres, ainsi que tous les êtres vivants. Pour les Indiens Pueblo, il y a quatre dieux de la Pluie, et, pour les Mayas, quatre jaguars correspondant aux quatre points cardinaux. Symbole d'universalité, le « 4 » n'est pas moins important dans les autres régions du monde. L'idée d'une source jaillissant au pied de l'Arbre de vie du jardin d'Éden et se divisant en quatre fleuves est commune aux juifs, chrétiens, bouddhistes, hindouistes, à la Mésopotamie et à l'Iran. Les dieux créateurs à l'origine de la vie – Brahma en Inde ou Amon-Râ en Égypte – sont parfois représentés avec quatre faces pour évoquer leur toute-puissance.

En Égypte, les viscères étaient placés dans quatre canopes qui évoquaient chacun l'un des fils d'Horus et qui, indiquant en outre les quatre points cardinaux, devaient conduire le défunt dans l'au-delà. En Inde, la société compte quatre castes, et les textes sacrés de l'hindouisme, les Veda, sont composés de quatre parties. Le bouddhisme comprend quatre vérités principales (la douleur, l'apparition de la douleur, la cessation de la douleur, la voie qui mène à la cessation de la douleur), quatre éveils de l'attention. Dans la tradition occidentale, on a surtout retenu, outre les quatre points cardinaux, les quatre éléments – la Terre, l'Eau, le Feu et l'Air –, les quatre saisons, les quatre phases de la lune, les quatre âges de la vie : le « 4 » symbolise la totalité du créé.

Pour les pythagoriciens, le « 4 » était la structure fondamentale du cosmos. Image de la stabilité, le carré, forme géométrique qui lui est associée, constitue la base d'un grand nombre de monuments du monde entier.

Enfin, la symbolique du « 4 » est très présente dans la Bible : le nom de Dieu (tétragramme) a quatre lettres (**YHVH** – vocalisé en Yahveh ou Jéhovah) ; les douze tribus d'Israël sont réparties en quatre groupes, symbolisés par l'homme, le lion, le taureau et l'aigle, qui sont devenus les emblèmes des quatre évangélistes (Matthieu, Marc, Luc et Jean) ; les cavaliers de l'Apocalypse, qui apportent les quatre fléaux (la guerre, la famine, la peste, les bêtes fauves), sont aussi au nombre de quatre.

**Cinq**

Symbole du microcosme, le « 5 » est souvent représenté par un homme aux bras et jambes écartés, dont la tête et les quatre membres forment une étoile à cinq branches (pentagramme). Outre son association avec l'être humain, y compris par le biais des cinq doigts de la main et des cinq sens, le « 5 » représente l'univers, notamment en Chine, où l'on compte cinq régions de l'espace (les quatre points cardinaux, plus le centre), cinq éléments (Eau, Feu, Bois, Métal, Terre), cinq couleurs, métaux, planètes, épices principales, cinq tons. Pour certains bouddhistes japonais, qui voient dans le « 5 » l'emblème de la perfection, il existe également cinq régions de l'espace, cinq éléments (Terre, Eau, Feu, Vent, Espace), cinq couleurs, cinq dieux du Bonheur. En Inde, le « 5 » (2 + 3, le principe féminin plus le principe masculin) symbolise aussi l'univers. Il est incarné par Shiva, que l'on représente parfois avec cinq faces.

Pour les pythagoriciens, le « 5 », comme le « 7 », était un chiffre sacré : résultant de l'addition de 3 + 2 (le Ciel plus la Terre), il symbolisait l'union et l'harmonie. Chez les Grecs, il était associé à Aphrodite (Vénus, dans le panthéon romain), la déesse de l'Amour et de la Beauté, peut-être parce que, dans l'ancienne tradition mésopotamienne, l'étoile à cinq branches était l'attribut d'Ishtar, symbole de Vénus, l'étoile du soir. En Amérique centrale, le « 5 » était le chiffre du dieu du Maïs, probablement parce que les premières pousses sortent de terre cinq jours après avoir été semées. Pour les Aztèques, l'époque de l'homme actuel correspondait à celle du « Cinquième Soleil ».

Symbole de force dans la tradition juive (il y a cinq livres dans le Pentateuque), le « 5 » est également bénéfique dans l'islam – la foi, la prière, le jeûne, le pèlerinage et la charité constituent les cinq points fondamentaux de la pratique religieuse –, qui en a fait un chiffre porte-bonheur efficace contre le « mauvais œil ». Dans l'iconographie chrétienne, il se réfère au nombre de plaies du Christ. La quintessence (l'éther) est le cinquième élément des alchimistes.

**Six**

Symbole de l'union et de l'équilibre, le « 6 » est souvent représenté par une étoile à six branches, formée par deux triangles équilatéraux, l'un tourné vers le haut (principe masculin, feu, ciel), l'autre tourné vers le bas (principe féminin, eau, terre). Cette figure, appelée aujourd'hui étoile ou bouclier de David, marquait l'union d'Israël et de la tribu de Juda. L'étoile à six branches représente encore le microcosme.

Dans le *Yi-king*, ou *Livre des mutations*, le « 6 » est essentiel, puisque ce traité de divination chinois se fonde sur l'interprétation de soixante-quatre hexagrammes, formés chacun de six traits, continus ou discontinus. Pour les pythagoriciens, le « 6 », relié au cube comportant autant de faces, représentait la stabilité et la vérité. Dans les jeux de dés modernes, il est faste ou de bon augure. Dans la tradition judéo-chrétienne, ce chiffre est associé à la création du monde en six jours (et donc à celle de l'homme, le sixième jour). En revanche, dans l'Apocalypse (13 :18), le « 6 » est relié à Satan (« Que l'homme doué d'esprit calcule le chiffre de la Bête, c'est un chiffre d'homme : son chiffre, c'est 666 »). Une des explications avancées est que « 6 » serait le chiffre de la perfection virtuelle, pouvant produire indifféremment le Bien ou le Mal. Toujours est-il qu'il semble avoir eu une influence néfaste sur certains souverains ou papes : Néron, sixième empereur romain, fut un despote cruel et sanguinaire ; le pape Urbain VI fut également si violent que les cardinaux le destituèrent et élurent à sa place Clément VII, ce qui provoqua le schisme d'Occident. Alexandre VI fit lui aussi scandale.

**Sept**

Sacré et très souvent doté de pouvoirs magiques, le « 7 » est la somme de « 4 » (symbole de la Terre) et de « 3 » (chiffre du Ciel) ; il représente l'ordre cosmique et spirituel, ainsi que l'achèvement d'un cycle. Son importance tient au fait que les premiers astronomes comptaient sept planètes – le Soleil, la Lune, Mars, Mercure, Jupiter, Vénus et Saturne, chacune associée à un jour de la semaine – et reliaient le « 7 » à la Lune : ce chiffre correspond au quart d'un mois lunaire (7 × 4 = 28 jours), d'où la division en semaines. En outre, l'addition des sept premiers chiffres donne 28.

Le « 7 » était le chiffre sacré des Sumériens, qui divisaient le monde céleste en sept zones (correspondant aux sept étages des temples destinés à relier le Ciel et la Terre, les ziggourats) et attribuaient sept branches à l'Arbre de vie. Dans la tradition hébraïque, le « 7 » est particulièrement important : Dieu s'est reposé de sa Création le septième jour, commémoré par le sabbat ; l'année sabbatique, qui s'accompagne de l'annulation des dettes et de la mise en jachère des terres, a lieu tous les sept ans ; l'année jubilaire, au cours de laquelle les esclaves étaient libérés et la était terre rendue à ses propriétaires ancestraux (les douze tribus), était célébrée au bout de sept cycles de sept ans. Le chandelier a sept branches (il symbolise la divinité et la lumière). Dans l'Ancien Testament, « 7 » est cité soixante-dix-sept fois.

Dans l'Antiquité, « 7 » était le chiffre d'Osiris, le dieu égyptien des Morts, et un symbole de vie éternelle ; celui du dieu grec du Soleil, de la Musique et de la Poésie, Apollon (dont la lyre comptait sept cordes) ; celui d'Ishtar, la déesse babylonienne de la Fertilité. Il était également relié à Mithra, le dieu perse de la Lumière, dont le culte comportait sept niveaux d'initiation, et à Bouddha, doté de sept emblèmes.

Dans la tradition hindoue, le mont Meru a sept faces, le Soleil sept rayons – le septième correspondant au centre. Dans l'islam, le « 7 » symbolise la perfection, et l'on compte sept cieux, sept terres, sept mers, sept Enfers et sept portes du Paradis. Les pèlerins musulmans font le tour de la

Kaaba sept fois. Dans les pays arabes, le « 7 » est généralement considéré comme un chiffre bénéfique, et de nombreux rituels, destinés à favoriser la fécondité ou les accouchements, sont répétés sept fois. Pour le chrétiens, il y a aussi sept péchés capitaux, sept dons du Saint-Esprit, sept vertus (trois théologales et quatre morales cardinales), et sept sacrements dans l'Église catholique.

### Huit

Le « 8 » évoque les quatre points cardinaux associés aux quatre directions intermédiaires ; il représente l'équilibre cosmique. Les roues, notamment celtes et hindoues, comportaient bien souvent huit rayons. On retrouve ce symbolisme en Orient, en particulier dans le bouddhisme – la roue de la Loi a huit rayons, le lotus est souvent représenté avec huit pétales, le chemin qui mène à la cessation de la douleur comporte huit divisions (Noble Sentier Octuple) –, ou encore dans l'hindouisme, qui représente Shiva avec huit bras. Le « 8 » est aussi associé à l'idée de résurrection et de béatitude, parce qu'il suit le « 7 », chiffre parfait. Dans la mystique juive, il incarne l'ère messianique, le huitième jour de la Création.

Le « 8 » correspond à l'octogone, forme intermédiaire entre le carré et le cercle, et combine stabilité et perfection. Les fonts baptismaux ont d'ailleurs souvent une forme octogonale. En Chine, où les Immortels sont au nombre de huit, ce chiffre est considéré comme bénéfique. En Égypte, c'était l'un des attributs de Thot, le dieu de l'Intelligence, l'inventeur de l'écriture, de l'astronomie et de la géométrie.

### Neuf

Le symbolisme du « 9 », multiple de « 3 » (le chiffre de l'achèvement), est particulièrement important dans la plupart des traditions, notamment pour les Chinois et les Celtes. Triple triade, il représente l'union de l'esprit, de l'âme et du corps, ou celle du monde souterrain, de la surface de la Terre et du Ciel. Comme c'est le dernier de la série des chiffres, il exprime également la fin d'un cycle et le début d'un autre. Dans la tradition chrétienne, les anges sont répartis en neuf chœurs, chiffre qui illustre leur perfection. En Chine, « 9 » est un chiffre yang, réputé très bénéfique, qui est à la base de nombreux rituels taoïstes et sert à mesurer l'espace. Il y a neuf planètes dans notre système solaire et, en Amérique centrale, on dénombrait autrefois neuf mondes souterrains. Souvent relié au courage ou à l'endurance, le « 9 » est un chiffre clé dans les rituels chamaniques d'Asie. De même, les neuf jours et neuf nuits durant lesquels le dieu scandinave Odin resta suspendu à l'Arbre de vie Yggdrasil représentent la période rituelle nécessaire pour rajeunir ou ressusciter.

### Dix

Somme des quatre premiers chiffres (1 + 2 + 3 + 4), le « 10 » est un symbole de perfection, le nombre de la complétude et de la totalité, notamment dans le judaïsme, basé sur les Dix Commandements, qui résument les devoirs des Israélites envers Dieu et leur prochain.

Pour les pythagoriciens, « 10 » était le symbole de la Création universelle, le nombre parfait par excellence, qu'ils représentaient par la tétraktys, un triangle renfermant, entre sa base (représentée par quatre points, la Terre) et son sommet (un point, le divin), deux niveaux : l'un de deux points (dualité), l'autre de trois points (les trois mondes – Ciel, Terre, Enfer – et les trois aspects de l'être humain – esprit, âme, corps).

Dans l'Antiquité, les Égyptiens fondaient leur calendrier sur les décans, chacun d'eux étant supposé influer sur la destinée humaine. En Chine, « 10 » est surtout le résultat de 5 × 2 (« 5 » étant le chiffre sacré correspondant aux cinq directions de l'espace, aux cinq éléments, aux cinq couleurs...) ; il exprime donc le dualisme inhérent à chaque être.

Dans le jeu de tarot divinatoire, le dixième arcane majeur est représenté par la roue de Fortune : sur la grande roue de la vie, celui qui avance revient aussi vers son point de départ, mais toujours avec un degré de conscience supérieur et enrichi de son expérience.

**Onze**

Le « 11 » a été associé par saint Augustin au péché : en ajoutant une unité au « 10 », qui représente un cycle complet, le « 11 » évoque en effet la démesure ou la violence. D'autant que l'addition de ses composantes (1 + 1 = 2) aboutit à la dualité, et donc, indirectement, au conflit, à la rébellion et au danger. En revanche, en Afrique (sauf pour les Bambaras, pour qui il est un symbole de discorde), le « 11 » est considéré comme un nombre magique qui favorise la fécondité.

L'expression « les ouvriers de la onzième heure » fait allusion à la parabole du Christ sur le salaire d'un jour que doivent recevoir tous les ouvriers, même ceux qui ont été embauchés une heure avant la fin de la journée de travail.

**Douze**

Mesure de l'espace et du temps utilisée par les astrologues et les astronomes de l'Antiquité, le « 12 » a une grande importance symbolique, notamment dans la tradition judéo-chrétienne, qui en a fait le nombre de l'élection. Il représente l'univers, divisé en douze signes du Zodiaque, et un cycle de temps achevé (les douze mois du calendrier, les douze heures du jour et de la nuit, les douze groupes d'années en Chine). Produit de 4 × 3 (les quatre points cardinaux ou les quatre éléments ; les trois mondes – le Ciel, la Terre et l'Enfer), il symbolise l'union du temporel et du spirituel. Dans la Bible, Jacob a douze fils, Israël compte douze tribus, et la Jérusalem céleste comporte douze portes. Il y a douze pierres précieuses sur le pectoral des prêtres, douze fruits sur l'Arbre de vie. Jésus a eu douze apôtres. Mithra, dieu perse de la Lumière, avait lui aussi douze disciples, et, pour certains musulmans, le prophète Ali aurait eu douze descendants.

Dans la mythologie grecque, il y a douze Titans, douze dieux olympiens. Douze est aussi le nombre des chevaliers de la Table ronde.

**Treize**

La tradition qui veut que le « 13 » porte malheur semble très ancienne, puisque Hésiode (vers 700 av. J.-C.) recommandait déjà de ne pas semer le 13 du mois.

Cette croyance remonte probablement à l'établissement des premiers calendriers, où, pour résoudre le problème posé par les années bissextiles, on ajoutait un treizième mois, supposé néfaste. Le caractère maléfique du « 13 » a sans doute été renforcé par la Cène, le dernier repas du Christ avant son arrestation, qui rassemblait treize convives, dont Judas.

C'est la trahison de celui-ci qui est probablement aussi à l'origine de la croyance selon laquelle les sabbats de sorcières réunissaient treize personnes, dont le diable.

En Amérique centrale, au contraire, « 13 » était sacré. Il représentait l'unité de temps du calendrier aztèque, fondé sur un cycle de cinquante-deux ans (13 × 4), et qui comptait une semaine de treize jours. Dans le jeu de tarot, la lame numéro XIII représente la mort (dans le sens d'une fin de cycle).

**Quarante**

Dans les traditions judéo-chrétienne et musulmane, « 40 » est le nombre de l'attente ou de la préparation. Il correspond aux retraites spirituelles et aux périodes de pénitence ou de jeûne (carême). Ainsi, d'après la Bible, le Déluge dura quarante jours et quarante nuits ; les Hébreux passèrent quarante ans dans le désert ; Moïse demeura quarante jours et quarante nuits sur le mont Sinaï, avant de recevoir les Dix Commandements ; le Christ jeûna quarante jours dans le désert, prêcha quarante mois et monta au ciel quarante jours après Pâques. Mais « 40 » marque aussi la fin d'un cycle ou un changement de vie : le Bouddha et Mahomet auraient commencé leur apostolat à 40 ans.

D'après certains auteurs, le symbolisme d'épreuve ou de châtiment lié au nombre « 40 » serait dû à l'association établie par les astronomes babyloniens entre les catastrophes naturelles, notamment les tempêtes et les inondations, et la période de quarante jours durant lesquels les Pléiades ne sont pas visibles dans le ciel. Dans un grand nombre de sociétés, les rituels funéraires duraient quarante jours, laps de temps nécessaire pour qu'un défunt soit considéré comme complètement mort.

## L'ALCHIMIE

L'alchimie est considérée comme une pseudo-science tendant à réaliser le Grand Œuvre – la transmutation des métaux en or ; elle aurait contribué à l'émergence de la chimie moderne. Cette conception erronée est due au fait que les alchimistes usaient d'un langage symbolique pour masquer le véritable but de leurs opérations : l'accession à un stade supérieur, la recherche de l'illumination intérieure. Sur le plan le plus ésotérique, les métaux vils représentaient les aspects non maîtrisés de la nature humaine, tandis que l'or, brillant et incorruptible, symbolisait l'esprit pur, dégagé du carcan des émotions et des pensées ordinaires.

Le symbolisme des doctrines alchimiques avait pour objet de dissimuler aux yeux de l'Église, toute-puissante au Moyen Age, une pratique qu'elle condamnait comme hérétique, puisqu'elle se fondait sur la croyance que l'individu pouvait trouver lui-même le salut sans le secours de la religion. Cependant, l'alchimie était plus que le simple symbole de la transformation intérieure : elle donnait les moyens d'y parvenir. Les alchimistes travaillaient à obtenir la pierre philosophale (également appelée teinture, or potable ou élixir de vie) qui, introduite dans les métaux impurs, pouvait les transformer en or. Mais ce n'était pas le seul pouvoir de cette substance, à même de conférer l'immortalité. Le cheminement vers l'illumination – le Grand Œuvre – avait donc des dimensions matérielles et spirituelles indissociables.

**Origines et développement**

L'alchimie est vraisemblablement née en Inde et en Chine, bien longtemps avant notre ère, mais ce sont les Arabes qui, ayant recueilli les enseignements de la Perse antique, les ont transmis à l'Europe. Le premier traité d'alchimie apparut en Europe au XIIe siècle. C'était la traduction, par l'Anglais Robert de Chester, d'un classique arabe. La théorie sur laquelle se fonde l'alchimie est issue d'une conception ancienne du monde selon laquelle tout, y compris l'homme, a été créé à partir d'une *materia prima* (matière première) – substance magique universelle – d'où sont nés les quatre éléments : Terre, Feu, Air et Eau. Ces éléments étant transmutables, toutes les classes matérielles sont soumises au changement. Selon ce principe, il était donc possible de ramener une substance à son état primitif de *materia prima* et, inversement, de changer profondément cette dernière en lui donnant une nouvelle forme.

Les traités d'alchimie médiévaux sont si obscurs, si chargés de symbolisme, qu'ils sont pratiquement indéchiffrables. Certains chercheurs pensent que, en défiant toute logique, ces textes incitent l'individu en quête de l'illumination à se laisser guider par son inspiration et son intuition plutôt que par sa raison. D'autres, en revanche, se posent en adversaires et estiment que ce langage impénétrable était destiné à cacher une imposture.

Quoi qu'il en soit, il est clair que les alchimistes commençaient le Grand Œuvre avec la *materia prima*, qu'ils devaient extraire eux-mêmes. Cette pierre, dont la nature n'est révélée dans aucun ouvrage, était d'abord pulvérisée, puis mélangée à un premier agent portant le nom énigmatique d'« eau sèche », ou de « feu sans flamme », et qui, selon certains alchimistes, était préparé en grand secret à base de crème de tartre. La substance obtenue était alors humidifiée avec de la rosée, placée dans un récipient hermétiquement clos – l'« œuf philosophique » –, puis chauffée pendant longtemps à une température constante.

Au cours de cette incubation, les deux principes de la *materia prima* – le soufre (énergie rouge, mâle, solaire, chaude) et le mercure (énergie blanche, femelle, lunaire, froide) – se livraient un violent combat jusqu'à la putréfaction (*nigredo*), l'œuvre au noir qui achevait la première étape du Grand Œuvre. Au cours de la deuxième étape, appelée l'œuvre au blanc, la couleur noire laissait place aux couleurs de l'arc-en-ciel (la « queue du paon »), qui à leur tour se fondaient en une couleur blanche (*albedo*). Au troisième stade, les deux principes de la *materia prima* réapparaissaient sous une nouvelle forme : le « roi rouge » (soufre du philosophe) émergeant des entrailles de la « reine blanche » (mercure ou rose blanche). Le roi et la reine étaient unis dans le feu de l'amour, et de cette union naissait la perfection, la pierre philosophale capable de transmuter les métaux en or, la clé de l'illumination spirituelle. Pour les alchimistes, la motivation profonde était essentielle à l'entreprise du Grand Œuvre. La quête de celui qui convoitait l'or était vouée à l'échec. Selon un texte alchimique, le chercheur adoptant cette démarche ne « récoltait que de la fumée ».

La « pierre » originale que l'adepte devait extraire lui-même symbolisait le désir ardent de l'homme de découvrir sa nature spirituelle profonde – le « principe actif ». Le premier agent, « principe passif », représentait l'énergie intérieure dont la plupart des individus n'ont pas conscience tout au long de leur vie, mais qui est un formidable potentiel de développement spirituel. Lorsqu'ils se trouvent en contact dans la fournaise de la méditation profonde, les deux principes – actif et passif – s'affrontent, car le premier, habitué à tout obtenir par la seule affirmation de sa volonté, ne peut admettre l'insoumission du second. C'est la nuit de l'esprit dont parlent les mystiques, au cours de laquelle ces principes paraissent s'être annihilés, et où l'individu éprouve un sentiment de total abandon. Pourtant, du plus profond de son désespoir se lève l'arc-en-ciel de la révélation : la solution réside dans l'amour et non dans la force. C'est alors l'union du roi rouge et de la reine blanche, et leurs enfants naîtront de l'eau et de l'esprit.

Quelles étaient donc les pratiques spirituelles associées à ce processus symbolique ? Il est vraisemblable que les alchimistes méditaient sur les symboles attachés à chaque étape du Grand Œuvre. Mais un traité d'alchimie chinois, *Le Secret de la fleur d'or*, nous livre quelques explications. Il nous révèle que, grâce à la méditation, l'énergie vitale peut être visualisée et concentrée dans le « lieu du pouvoir » – le bas du corps, derrière le nombril –, où elle génère une intense chaleur, puis, « le point d'ébullition franchi, s'élève dans les airs comme la neige qui vole [...] jusqu'au sommet du Créateur ». Peut-être que, par le biais de leurs formulations obscures, les alchimistes, ou du moins certains d'entre eux, parvenaient à réaliser l'union du roi rouge et de la reine blanche, et ainsi à transformer le métal vulgaire de l'être physique en l'or pur de l'être spirituel.

## LA KABBALE

La kabbale (en hébreu : « tradition », « réception ») est un enseignement ésotérique et mystique qui vise à comprendre Dieu et la Création. Par nature, la mystique ne peut être communiquée, mais doit être exprimée par le biais de symboles et de métaphores ; l'ésotérisme, en revanche, peut être transmis, mais seulement à des initiés à même de le recevoir. C'est pourquoi, au moins dans les premiers temps, les kabbalistes limitèrent la diffusion de leur enseignement en imposant un âge minimal pour l'initiation, un préalable de qualités éthiques et un nombre restreint de disciples.

Issue de la tradition hébraïque, la kabbale remonterait à Moïse et aux patriarches bibliques, mais le plus ancien texte connu, *Séfer Yetsira (Livre de la Création)*, aurait été écrit au IIIe ou au IVe siècle.

### De puissants symboles

L'enseignement de la kabbale est fondé sur un système de symboles censés refléter le mystère de Dieu et de l'univers, et dont il faut trouver les clés. En effet, les kabbalistes considèrent que la vérité ne peut être exprimée par les mots, car ceux-ci dénotent seulement ce qu'éprouvent les sens humains ou l'intellect. Néanmoins, la Bible est écrite avec des mots, inspirés par Dieu, et qui doivent de ce fait contenir la vérité divine. La Bible serait donc une sorte de dictionnaire de symboles susceptibles de donner un aperçu de la vérité qui se trouve au-delà des mots.

Les kabbalistes ont développé, au fil des siècles, différentes techniques de décryptage des Saintes Écritures. Parmi celles-ci, la *gematria* est un système d'équivalences dans lequel chaque lettre de l'alphabet hébreu a une valeur numérique. Après addition de la valeur des lettres qui les composent, les mots et les phrases ont également des valeurs numériques, qui peuvent être comparées et se prêter à des interprétations ou déductions.

Ainsi, le serpent d'airain mentionné dans les Nombres (21:9) correspond à 358, qui est également la valeur du mot « Messie » en hébreu. Le passage relatif à ce serpent d'airain a donc été interprété comme une prophétie annonçant la venue du Messie, qui sauvera tous les hommes mordus par le désir de découvrir la vérité spirituelle – cela a conduit les kabbalistes chrétiens à adopter le serpent pour symboliser le Christ en croix. L'utilisation de la *gematria* a aussi profité à des entreprises moins sérieuses, voire dangereuses quand elles se sont attachées à prédire l'avenir, et de grands penseurs juifs se sont régulièrement élevés contre un usage abusif de cette méthode.

Toutefois, la kabbale est loin de se limiter à la *gematria*. Si elle s'est alourdie de toutes les pratiques de magie blanche qui se sont développées au sein du judaïsme jusqu'au Moyen Age, elle est avant tout une tentative de contemplation mystique et de communion avec Dieu. Mais sa diffusion restreinte, son hermétisme et l'immense érudition nécessaire à la compréhension de ses procédés herméneutiques l'ont rendue très difficilement accessible. La majorité des gens ne connaissent d'elle que le symbole de l'Arbre des sephiroth, l'Arbre de vie. En dépit de leur apparente simplicité, les sephiroth sont un symbole puissant et revêtu d'innombrables significations.

**L'arbre sephirothique**

Dans son interprétation fondamentale, l'Arbre des sephiroth est une explication de la Création. Selon la kabbale, Dieu a créé l'univers parce qu'il voulait contempler son propre visage. Ce faisant, il a révélé les trente-deux voies de la Sagesse : les dix sephiroth, qui sont des émanations de l'essence divine, et les vingt-deux chemins les reliant les unes aux autres, associés aux vingt-deux lettres de l'alphabet hébraïque. Sur l'Arbre de vie, la progression du chemin entre chacune des sephiroth s'effectue de Kéter (Couronne), qui incarne le pouvoir divin suprême et peut être identifié à la divinité elle-même, à Malkhout (Royaume), symbolisant la présence de Dieu dans la matière, en passant par Hochmah (Sagesse), Binah (Intelligence), Hésèd (Charité), Din (Loi) ou Gevourah (Force), Tiphéret (Beauté), Netzah (Victoire), Hod (Gloire) et Yesod (Fondement). Ce cheminement est gouverné par les trois principes divins de la Volonté, de la Justice et de la Miséricorde. Dans la plupart des représentations des sephiroth, le chemin prend la forme d'un zigzag, sorte d'éclair signifiant que les trois principes de l'équilibre (Volonté), de l'expansion (Miséricorde) et de la contrainte (Justice) agissent tour à tour.

Si toutes les lois de l'être et de la Création sont contenues dans l'Arbre de vie, les sephiroth représentent d'autres manifestations divines : les quatre mondes. Les trois premières sephiroth forment le monde de l'Émanation (Azilout), puis viennent successivement le monde de la Création (Briah), le monde de la Formation (Yezira) et le monde de l'Action (Assiah). Chacun de ces mondes a son propre Arbre de vie, et leur hiérarchie est inspirée du prophète Ézéchiel qui, au VIe siècle av. J.-C., eut la vision de la gloire de Dieu (Émanation) sur un trône (Création) roulant dans un char (Formation) au-dessus du monde (Action). Les éléments et relations figurés dans l'Arbre sephirothique sont fondamentaux et représentent la structure sous-jacente de toute existence. Correctement utilisé et interprété, l'ensemble constitue un guide permettant de comprendre et d'expliquer tous les phénomènes, qu'ils soient cosmiques ou humains.

La kabbale est une tradition essentiellement orale, dans laquelle l'étudiant reçoit les conseils éclairés d'un maître expérimenté qui l'aide à développer sa conscience et le met en garde contre les dangers de cette approche mystique. Généralement, l'élève commence par réfléchir sur la signification de chacune des dix sephiroth, puis il progresse dans l'Arbre de vie, afin d'atteindre l'illumination suprême. Chaque sephirah représente un aspect de la personnalité qui doit être totalement maîtrisé avant de passer à la suivante. Une fois qu'il a compris l'enseignement théorique des dix sephiroth, le kabbaliste doit méditer et apprendre comment les tâches associées aux vingt-deux chemins les reliant entre elles peuvent l'aider dans son cheminement. A ce moment, il est en mesure d'entreprendre l'ascension de l'Arbre de vie. Peu d'initiés parviennent à ce stade, mais ceux qui l'atteignent peuvent dépasser le symbolisme pour percevoir l'infini.

# Index

# L



# M



# N



# O

# *Crédits illustrations*

L'auteur et l'éditeur remercient les musées et les bibliothèques d'art dont les noms suivent de les avoir autorisés à reproduire leur matériel. Merci de bien vouloir les informer de toute éventuelle omission.

Abréviations :

| | |
|---|---|
| BAL | Bridgeman Art Library, Londres |
| ET | Archives E. T., Londres |
| MH | Michael Holford, Loughton, Essex |
| WFA | Werner Forman Archive, Londres |

| Page | **L'esprit et le corps** |
|---|---|
| 1 | British Museum, Londres (MH) |
| 2 | Oriental Museum, université de Durham (BAL) |
| 7 | Staatsbibliothek, Berlin (AKG, Londres) |
| 8-9 | Temple Hoysaleswara , Halebid, Inde (Dinodia Picture Agency, Bombay BAL) |
| 10 | Collection privée (Collection Stapleton BAL) |
| 11 | Horniman Museum, Londres |
| 12 | British Museum, Londres (MH) |
| 13 | Sandro Botticelli, *La Naissance de Vénus*, vers 1485, Offices, Florence (BAL) |
| 14 | École danoise, *Exécution de Louis XVI*, musée Carnavalet, Paris (ET) |
| 15 | Léonard de Vinci, vers 1492, détail, Galleria dell'Accademia, Venise (BAL) |
| 16 | Masaccio, *Adam et Ève chassés du Paradis*, chapelle Brancacci, Santa Maria del Carmine, Florence (BAL) |
| 17 | Victoria & Albert Museum, Londres (MH) |
| 18 | Images, Londres |
| 19 | Giotto, *Marie-Madeleine* (détail), Duomo, Florence (BAL) |
| 20 | Giambattista Tiepolo, *Saint Augustin, Saint Louis, saint Jean et un évêque*, York City Art Gallery (BAL) |
| 21 | Museum für Volkerkunde, Berlin (WFA) |
| 22 | Andrea Previtali, *Salvator Mundi*, National Gallery, Londres |
| 23 | Tariq Rajab Museum (Images, Londres) |
| 24 haut | Grotte des Trois Frères, abri de la Madeleine, Dordogne (AKG, Londres) |
| 24 bas | British Museum, Londres |
| 25 | Pieter Brueghel l'Ancien, *Le Triomphe de la mort*, vers 1562, Prado, Madrid (BAL) |

| | **Valeurs religieuses, rites et sacrifices** |
|---|---|
| 26-27 | William Blake, *L'Archange Michel*, vers 1800 (détail), Fogg Art Museum, université Harvard, Cambridge, don de W. A. White (BAL) |
| 28 | Joachim Patinir, *Le Passage du Styx*, Prado, Madrid (ET) |
| 29 | Guariento di Arpo, *L'Archange Michel*, Museo civico, Padoue (BAL) |
| 30 | William Blake, *Visions des filles d'Albion*, vers 1794, British Museum, Londres (BAL) |
| 31 | Iraq Museum, Bagdad (Erich Lessing / AKG, Londres) |
| 32 | Statens Historiska Museet, Stockholm (WFA) |
| 33 | Eric Lawson / Hutchison Library, Londres |
| 34 haut | R. Ian Lloyd / Hutchison Library, Londres |
| 34 bas | Fresques murales de la Villa Pamphili, Rome, vers I$^{er}$ siècle av. J.-C., British Museum, Londres (MH) |
| 35 | British Museum, Londres (MH) |
| 37 | Pérugin, *Le Mariage de la Vierge*, 1500-1504, musée des Beaux-Arts, Caen (Giraudon/BAL) |
| 38 | Bibliothèque nationale, Paris (AKG, Londres) |
| 39 | British Museum, Londres (WFA) |
| 40 | Léonard de Vinci, *La Dame à l'hermine*, représentant Cecilia Gallerani, vers 1490, Czartorysky Museum, Cracovie (ET) |
| 41 | Jérôme Bosch, *Les Sept Péchés capitaux* (détail), Prado, Madrid (BAL) |

| | **Le monde animal** |
|---|---|
| 42-43 | Images, Londres |
| 44 | Staatliche Antikenslg. & Glyptothek, Munich (Erich Lessing / AKG, Londres) |
| 45 | Smithsonian Institution, Washington (BAL) |
| 46 | Maître du Livre de raison, *Adoration des bergers*, Alte Pinakothek, Munich (AKG, Londres) |
| 47 | British Museum, Londres (MH) |
| 48 | Royal Library, Copenhague (BAL) |
| 49 | Henry Fuseli, *Le Réveil de Titania*, 1793-1794, Kunsthaus, Zurich (BAL) |
| 51 haut | Vitlycke, Suède (WFA) |
| 51 bas | Musée égyptien, Le Caire (WFA) |
| 52 haut | Collection Philip Goldman, Londres (WFA) |
| 52 bas | Edward Burne-Jones (sir), *Le Jardin des Hespérides*, 1870-1873, collection privée (BAL) |
| 53 | British Museum, Londres (AKG, Londres) |
| 54-55 | Raphaël, *Saint Georges*, vers 1505, Louvre, Paris (BAL) |
| 56 | Collection privée (Dinodia Picture Agency, Bombay/BAL) |
| 57 | Statens Historiska Museet, Stockholm (WFA) |
| 58 | Collection Philip Goldman, Londres (WFA) |
| 59 haut | Bibliothèque nationale, Mexico (WFA) |
| 59 bas | British Museum, Londres |
| 60 | British Museum, Londres (BAL) |
| 61 | Girodet-Trioson, *Ossian*, vers 1800, château de la Malmaison, Rueil-Malmaison (Lauros-Giraudon/BAL) |
| 62 | Andrea Lilio, *Saint Roch*, 1596, Galleria Nationale Marche, Urbino (ET) |
| 63 | Attribué à David III Ryckaert, *Les Portes d'Hadès* (détail), Johnny van Haeften Gallery, Londres (BAL) |
| 64 | Bibliothèque nationale, Paris (AKG, Londres) |
| 65 | "Grenouilles" de *Beautyway - une cérémonie navajo*, publié par la fondation Bellingen, 1957 |
| 66 | Pergamon Museum, Berlin (Erich Lessing/AKG, Londres) |
| 67 | Nicolas de Verdun, *Jonas dans le ventre du monstre marin* (détail de l'autel de Verdun), 1181, Stifkskirche Klosterneuburg, Autriche (Erich Lessing AKG, Londres) |
| 68 | Lucas Cranach l'Ancien, *La Trinité*, Museum der Bildenden Kunste, Leipzig (AKG, Londres) |
| 69 | Collection privée (Jean-Louis Nou/AKG, Londres) |
| 70 | Jean-Louis-César Lair, *Prométhée*, musée Crozatier, Le Puy-en-Velay (Giraudon/BAL) |
| 71 | Bibliothèque royale, Copenhague (BAL) |
| 72 | Collection privée (MH) |
| 73 | Fresque de la pyramide de Meidoum, IV$^{e}$ dynastie, Musée égyptien, Le Caire (ET) |

| | **Le monde végétal** |
|---|---|
| 74-75 | Maître d'Oberrheinischer, *Le Jardin du Paradis* (détail), vers 1410, Stadelsches Kunstinstitut, Francfort-sur-le-Main (BAL) |
| 76 | Victoria & Albert Museum, Londres (ET) |
| 77 | British Museum, Londres |
| 78 | Jean Auguste Dominique Ingres, *L'Apothéose d'Homère*, 1826-1827, musée Bonnat, Bayonne (Bulloz/BAL) |
| 79 | Collection privée (BAL) |
| 80 | Eitan Simanor/Axiom, Londres |
| 81 | Wellcome Museum, Londres (MH) |
| 82 | Rogier Van der Weyden, *Branche de houx*, 1437, Courtauld Gallery, Londres (BAL) |
| 83 | Fu Pao-Shih, *Les Sept Sages aux bambous*, début du XX$^{e}$ siècle, collection privée (BAL) |
| 84 | Jan I Brueghel, dit de Velours, *Ulysse et Calypso*, Johnny van Haeften Gallery, Londres (BAL) |
| 85 | Biblioteca Estense, Modène (ET) |
| 87 | Le Caravage, *Bacchus* (détail), vers 1590, Offices, Florence (BAL) |
| 88 | Joachim Utewael, *Le Jugement de Pâris*, 1615, National Gallery, Londres (BAL) |
| 89 | Dante Gabriel Rossetti, *Proserpine*, 1882, Birmingham Museum & Art Gallery (BAL) |
| 90 | Collection famille Zimmermann (AKG/Londres) |
| 91 | J. Le Moyne de Morgues, *Pavot*, vers 1568, Victoria & Albert Museum, Londres (BAL) |
| 92 | British Library, Londres |

93 John William Waterhouse, *Écho et Narcisse*, 1903, Walker Art Gallery, Liverpool, National Museums & Galleries on Merseyside (BAL)
94 Domenico Veneziano, *L'Annonciation*, vers 1445, Fitzwilliam Museum, université de Cambridge (BAL)
95 Bibliothèque nationale, Paris (BAL)

**Les éléments naturels**

96-97 Collection privée
98 *Les Trois Mages*, mosaïque, Sant' Apollinare Nuovo, Ravenne (Scala, Florence)
99 Biblioteca Estense, Modène (ET)
100 British Museum, Londres (MH)
101 Louvre, Paris (BAL)
102 Louvre, Paris (AKG, Londres/Erich Lessing)
103 Collection privée (Bonhams, Londres/BAL)
104 Ambriogo Lorenzetti, *Allégorie du bon et du mauvais gouvernement* (détail), 1338-1340, Palazzo Publico, Sienne (ET)
105 Walter Crane, *Les Saisons*, Roy Miles Gallery, Londres (BAL)
106 Jan Cossiers, *Prométhée*, Prado, Madrid (BAL)
107 Royal Geographical Society, Londres (BAL)
108 Museum of Anthropology, université de Colombie-Britannique, Vancouver (WFA)
109 Collection privée (WFA)
110 Collection Schindler, New York (WFA)
111 Gustav Klimt, *Danaé*, 1907-1908, collection privée (BAL)
112 haut D. Shaw/Axiom, Londres
112 bas Musée Condé, Chantilly (Giraudon/BAL)
113 Victoria & Albert Museum, Londres (BAL)
114 Louis-Joseph Watteau, *La Tentation de saint Antoine*, 1781, Louvre, Paris (Giraudon/BAL)
115 Geoff Renner/Robert Harding Picture Library, Londres
116 Adina Tovy/Robert Harding Picture Library, Londres
117 Edward Lear, *Mont Sinaï* (détail), collection privée (Christie's Images, Londres/BAL)
118 British Museum, Londres (BAL)
119 Fragment de fresque de la tombe de Sobekhotep : Nubiens apportant de l'or au pharaon, British Museum, Londres
120 Gustave Moreau, *Salomé dansant devant Hérode*, Armand Hammer Foundation, USA (BAL)
121 haut Haiphong Museum, Viêt-nam (WFA)
121 bas Bonhams, Londres (BAL)

**Les créations humaines**

122-123 Ian Cumming/Axiom, Londres
124 Jim Holmes/Axiom, Londres
125 Martin Van Walckenborch, *La Construction de la tour de Babel*, Towneley Hall Art Gallery and Museum, Burnley, Lancashire (BAL)
126 British Library, Londres
127 Arcangelo di Cola da Camerino, *Le Martyr de saint Jean*, Galleria Estense, Modène (BAL)
128 Bibliothèque municipale, Padoue (ET)
129 Gherardo, *La Lutte entre l'Amour et la Chasteté*, vers 1475-1500, National Gallery, Londres
130 British Library, Londres (ET)
131 Ashmolean Museum, Oxford (BAL)
132 haut Musée d'Art turc et musulman, Istanbul (ET)
132 bas British Museum, Londres
133 British Library, Londres (BAL)
134 Bonaventura Bellinghieri, *Saint François d'Assise*, San Francesco, Pescia (ET)
135 haut Eugène Delacroix, *La Liberté guidant le peuple* (détail), 1830, Louvre, Paris (BAL)
135 bas Musée égyptien, Le Caire (WFA)
136 Collection Theâtre Nô, Congo School, Kyoto (WFA)
137 Collection privée (WFA)
138 National Museum of Man, Ottawa (WFA)
139 Anonyme, *Le Tsar Alexis de Russie*, XVIIe siècle, château Gripsholm, Suède (ET)
140 Victoria & Albert Museum, Londres
141 Museo di San Marco dell'Angelico, Florence (BAL)

**Couleurs et formes**

142-143 Collection privée (Christie's Images, Londres/BAL)
144 Collection privée (ET)
145 Gottfried Lindauer, *Tamati Waka Nene*, Auckland City Art Gallery, Nouvelle-Zélande (BAL)
146 Prado, Madrid (ET)
147 Edfou, Égypte (MH)
148 Images, Londres
149 Mohamed Amin / Robert Harding Picture Library, Londres
150 Devant d'autel de Sindbjerg, *Bénédiction du Christ*, 1175-1200, Musée national de Copenhague (ET)
151 British Museum, Londres
152 Khirbat Al-Mafjar, Jordanie (BAL)
153 Plafond de la salle du Labyrinthe, palais ducal, Mantoue (Scala, Florence)
154 Baptistère orthodoxe, Ravenne (ET)
155 Chester Beatty Library and Gallery of Oriental Art, Dublin (BAL)
156 Giovanni Battista Carlone, *Junon et Mars*, Fitzwilliam Museum, université de Cambridge (BAL)
157 haut École française, Vierge noire offerte à Louis XV, XVIIIe siècle, musée Crozatier, Le Puy-en-Velay (Giraudon/BAL)
157 bas Victoria & Albert Museum, Londres (BAL)
158 haut Images, Londres
158 bas British Library, Londres (BAL)
159 Jimmy Holmes/Axiom, Londres

**Les systèmes symboliques**

160 Zuccari, *Le Zodiaque* (détail), palais Farnèse, Caprarola (Scala, Florence)